JN280369

スポーツ倫理を問う

友添秀則／
近藤良亨＝共著

◆

果てしないまでの科学化と
技術化がスポーツ界で進行している今、
これをどこかでストップさせないと、
スポーツによって
人間性が破壊されてしまう恐れがある。
だからこそ、スポーツで何が許され、
何が許されないのか、
その限界を見定めないといけないし、
それにはスポーツを倫理することが必要だ。

大修館書店

はじめに

長引く不況のなか、企業がリストラの一環で投げ出した「企業スポーツ」は、まだごく少数ではあっても、熱烈なサポーターやファンをはじめとする市民がソシオとして会費を払ったり、時には直接運営に参加したりすることで、「市民スポーツ」として再生しつつあります。「横浜ＦＣ」や「オレンジアタッカーズ」「所沢ブロンコス」の果敢な奮闘のなかに、この国の「プロフェッショナル・スポーツ」の新たな模索と創造が始まっています。

また他方で、シドニー・オリンピックの女子自由形の選手選考をめぐる千葉すず選手の「異議申し立て」は、封建的で古い体質のアマチュア競技団体の在り方やそのなかでの「先生と生徒」の関係に代表される、この国の競技スポーツに特有の「支配と服従」という選手養成システムへの猛烈な反省を提起しています。役員や監督の決定がどんな理不尽なものであっても、それに従順に服従することが長らく優秀なトップアスリートの資質と考えられてきました。

このような日本的スポーツ風土のなかでの「異議申し立て」は、公的な援助を受けて成立するスポーツ競技団体の選手選考の公開性や透明性を問うだけではなく、組織そのもののアカウンタビリティを問う試みです。そして千葉選手によるこの出来事は、この国にもスポーツを変革させようとする新たなスポーツ・イノベーターが誕生しつつあることを実感させてくれました。

今、伝統的な大学スポーツの多くは、部員不足で困っています。バレーボール、サッカー、ラグビー、柔道などの勝利をめざした体育会系運動部は、閑古鳥が鳴いています。他方、ハンググライダーなどのスカイスポーツ、ウインドサーフィンなどのマリンスポーツ、あるいはスノーボードやフットサルなどのサークル（同好会）は、多くのメンバーを擁して活況を呈しています。

禁欲的な雰囲気のなかで、部員相互の上下関係が厳しく、長期間の練習を必要とし、勝敗が重要な位置を占める「オールド・スポーツ」を避け、個人ですぐにでも楽しめ、しかも勝敗を重視しない「ニュー・スポーツ」への若い学生たちのスポーツ選好の変化は、「禁欲」と「勝利」を至上と考えた従来のスポーツの在り方に対する異議申し立てであり、オールド・スポーツのパラダイム変革を促す兆候だとみることは早計でしょうか。

今、スポーツの世界では革命が起こっています。と書けば、驚く方も多いでしょう。でも、このように確実にスポーツの世界は変革しつつあります。

しかし他方、現代スポーツにはドーピング、暴力、差別が横行し、近年でもスポーツ施設をめぐる談合事件、補助金の不正流用、協会役員による女子中学生へのセクハラ事件、リンチ事件、スポーツによる環境破壊などなど、多くの問題に揺れつづけていることも事実です。このような現代スポーツが投げ掛ける難問を前にして、いったい私たちはそれらにどのように対処すべきでしょうか。

本書は、現代スポーツが投げ掛けるさまざまな難問に、「感情論」や「損得勘定論」ではなく、倫理的な立場から誠実に応答し、読者に難問を解くための指針を提供しようとした私たち著者の共同レポートです。現代スポーツの病理を冷静に見きわめ、スポーツの変革を促すために、対症療法ではなく、根本的な治療方針を処方箋として書くように努めています。

目次をご覧になればおわかりのように、本書の各章・各節は、ひとつのテーマが完結するように構成されています。したがって、今、読者が直面しておられる問題から、あるいは一番興味をお感じになられたところからお読みいただいても結構です。また、「本書の全体の概要を知ってから」とお思いの方には、嘉納治五郎、クーベルタン、岡部平太、人見絹枝らのスポーツ界の巨星による、「エピローグ」の空想座談会からお読みいただくことをお薦めします。

この空想座談会は、嘉納、クーベルタン、岡部、人見なら現代スポーツの難問にどのように応答するのかを想定して、彼らの文献を調べあげて書いたものですが、本書の意図をはじめ、全体の概要を知っていただけるように、ガイドとしての役割ももたせています。

本書はもともと、大修館書店発行の専門雑誌『体育科教育』に二年間にわたって連載されたものに加筆修正を行い、また新たに書き下ろしたものを加え構成したものです。ぜひ本書をご一読いただいて、現代スポーツを倫理するなかで、私たちの拙いレポートにご批判をお寄せいただければ望外の喜びです。

最後になりましたが、私の拙い構想に興味を持ってくださり、『体育科教育』誌への連載という冒険をお許しいただいた大修館書店編集部に感謝申し上げたいと思います。また、出版に際して、草稿のすべてに目を通し、適切なアドバイスをしてくださった同編集部の綾部健三氏に心よりお礼申し上げます。連載中の綾部氏との現代スポーツをめぐる時々の議論は、本書にも少なからず影響を与えてくれました。そして、毎号の連載原稿の整理や校正に献身的な努力を惜しまれなかった岡田幸一氏、本橋忠旗氏に、ここに記してお礼を申し上げます。

二〇〇〇年七月十五日

著者を代表して　友添秀則

スポーツ倫理を問う・目次

第3章　個人と自律の倫理学

第4章　弱者と強者の倫理学

第5章　スポーツと暴力の倫理学

第6章　勝者と敗者の倫理学

第7章　スポーツと公共の倫理学

エピローグ—空想座談会—

第1章

スポーツと社会の倫理学

1・Shall we スポーツ倫理？

■なぜ悪いの？

「脱税はなぜ悪いのかわかりますか」と検察官。「ごまかしたことです」「今後は野球を通して迷惑をかけた球団に恩返しをしたいです」。このようなやり取りを聞いていた裁判長は思い余って、「野球人として罪を問われているのではないですよ。あなたは納税という国民の義務を怠ったんですよ」「野球人としてではなく、社会人としてその責任が問われているんですよ」と被告を諭します[1)]。

これは、私には忘れることができない、「プロ野球脱税事件」の初公判で、裁判長と検察官、ドラゴンズの選手との間で交わされた名古屋地裁でのやりとりです。「迷惑をかけた球団への恩返し」を第一に考え、自分の責任と罪の所在を棚上げした選手と、社会人としての常識を説こうとする裁判長・検察官の、どこか滑稽なやり取りに苦笑を禁じ得ないのは、私一人だけではないでしょう。そして、このような法廷という場に直面してもなお、「野球さえしていれば、すべてが免罪される」といわんばかりの彼の「独善」に、「さすがプロ野球選手」と声援を送ってみたくもなります。

さて、読者のみなさんは、この事件を前にしてどう考えますか。そう、わずかなスピード違反でお巡りさんに検挙された時にだれもが感じるように、このドラゴンズの選手も「ちょっと運が悪かっただけ」と考え同情しますか。それとも、「高額な年収を得ているうえに脱税までして所得をごまかすのか」と、反発や怒りを感じますか。

5球団10人を来週起訴

脱税容疑

宮本・波留選手ら

所得隠し総額3億5000万円

プロ野球選手らを巻き込んだ脱税請負事件で、検察・国税両当局は、セ・パ両リーグの五球団の十選手について、来週中に所得税法違反（脱税）容疑で刑事告発し、名古屋地裁に在宅のまま公判請求することで一致した模様だ。起訴されるのは、福岡ダイエーの小久保裕紀内野手(二六)のほか、日本シリーズの優勝に貢献したヤクルトの宮本慎也内野手(二七)、横浜の中心選手の波留敏夫外野手(二七)らセ・リーグ三球団の七人とパ・リーグ二球団の三人。所得隠し額は各選手とも三千万円を超え、十選手の総額で約三億五千万円に上るとみられる。

名古屋地検特捜部は十三日までに脱税指南を受けたとされる関係者らの事情聴取をほぼ終え、容疑が裏付けられたと判断。名古屋国税局の告発準備も整っており、両当局で立件に向けての最終的な手続きを確認した模様だ。

三選手のほか、告発・起訴の対象となっているのは、セ・リーグがヤクルトの北川哲也投手(二四)、中日の鳥越裕介内野手(二六)、山田洋投手(二四)、横浜の川崎義文捕手(二六)、万永貴司内野手(二五)。パ・リーグは、一九九四年に新人王を獲得したダイエーの渡辺秀一投手(二六)＝ヒデカズ＝、オリックスの三輪隆捕手(二七)とみられる。

十選手は、九三、九四年のプロ野球新人選択（ドラフト）会議で指名され、契約金七千万円－一億六千万円（推定）で入団した。

捜査当局の調べや関係者の話などによると、選手たちは入団時の申告分で、約三千万円から約六千万円の所得を隠して所得税の一部を脱税した疑いがもたれている。各選手とも、知人を通して知り合った名古屋市の経営コンサルタント坂本幸則被告(四二)＝所得税法違反（脱税）の罪で公判中＝

プロ野球選手の脱税事件を報じた新聞記事
(1997年11月14日、朝日新聞)

テレビニュースや新聞で「脱税事件」が盛んに取り上げられたのと同じころ、アメリカ大リーグのマルティネス投手がレッドソックスと六年で総額七千五百万ドル（約九十六億七千五百万円）の契約を結んだと報じられました。NBAブルズのマイケル・ジョーダンの一九九七年度の年間収入は、サラリー、広告料、獲得賞金を含んで七千八百三十万ドル（約百億二千万円）でした。一九九八年、日本では、後に大リーグ・マリナーズに移籍したベイスターズの佐々木投手やジャイアンツの清原選手が、球界最高額の年俸三億三千万円で契約を結んでいます。脱税事件と同じ年の一九九七年度、プロゴルファーの尾崎将司は、年間獲得賞金の他に、ゴルフボールのメーカー、ブリヂストンスポーツとの契約で、年間二億円の広告契約料、彼のオリジナルブランドのロイヤリティを含んで総額九億円近くの収入がありました。

また、プロ野球史上初の六年連続首位打者となったオリックスのイチロー選手は、二〇〇〇年度、推定年俸五億三千万円で球団と契約をしています。米大リーグ・ヤンキースのコーン投手も、二〇〇〇年度、一千二百万ドル（約十三億円）の契約を球団と結びました。今、大リーガーのおよそ四十％にあたる三百四十二選手が、百万ドル（約一億円）プレーヤーになっています[2)]。

一方、ゴルフのタイガー・ウッズは、一九九九年の一年間で、弱冠二十四歳にして四千七百万ドル（約五十億三千万円）をクラブで叩き出しました。他方、ボクシングのオスカー・デラホーヤは四千三百五十万ドル、イベンダー・ホリフィールドは三千五百五十万ドル、マイク・タイソンとＮＢＡのシャキール・オニールは三千百万ドルを稼ぎ出しています[3)]。

読者のみなさんは、今、世のなかでだれが一番金持ちだと思いますか。アメリカ大統領のクリントンさん？　それとも日本の総理大臣？　とんでもない。おそらくそれは、どんな政治家や大企業の社長さんよりも、スポーツ選手その人なのかもしれません。

一流スポーツ選手の年収は、私たちが懸命に働いて得る生涯賃金の比ではありません。先のジョーダンの例でいいますと、彼の年収を私たちが稼ぎ出すためには、たとえば私たちの生涯賃金を三億円

（一九九六年、大卒平均生涯賃金、二億九千百三十二万円）と大雑把に見積もっても、実に人生を三十三回ほども繰り返さなければならなくなります。つまり、私たちの生涯三十三回と、彼の一年とが同じになるというわけです。また、イチロー選手は、球団からのサラリーだけに限定しても、私たちの生涯賃金をおよそ半年ほどで稼ぎ出すことになります。

このような事情は、何もプロ選手に限ったことではありません。一九八二年の国際陸上競技連盟アテネ総会以降、賞金レース、アピアランス・マネーといわれる「顔見せ料」が公認され、アマチュア・スポーツのビジネスとしての活動が本格化しました。もっともそれ以前から、陸上界にはアンダー・テーブル・マネーとして暗黙のギャラがありましたから、正確には「公認」というよりも「追認」といったほうがよいかもしれません。

一九八四年のロサンゼルス・オリンピックは民営五輪として有名になりました。その運営には一切税金を使わず、テレビ放映権料や五輪マークの商標化による収入で、一億五千万ドル（三百七十五億円）の収益をあげ、これ以降、スポーツは金の儲かるおいしいビジネスとして定着しました。オリンピックで勝利を勝ち取り、知名度と商品価値を高め、その後の冠《かんむり》大会での出場料や優勝賞金、記録更新料を引き上げ、荒稼ぎするという一流スポーツ選手は、アマ・プロのボーダレス化とともに、今ではそのような境界もなく、皮肉な言い方をしますと、みんな「スポーツビジネスマン」になったようです。

このような現代スポーツの構造は、従来スポーツ批判の代名詞にもなった感のある「勝利至上主義」という言葉ではもうまく説明できません。今では「勝利」がすべてに優先されるのではなく、それはもう金を稼ぎ出すための唯一最良の「手段」になっています。このような意味では、スポーツの世界も一般社会と同じように、「経済至上主義」、もっと端的にいえば、「現金至上主義《ゲンナマ》」の時代になったともいえます。

そして、もし「経済至上主義」が現在のスポーツ界を支配する有力な、あるいは最優先の原則であるとすれば、「脱税」もあくまでそのような原則に従ったまでで、決してだれに危害を加えたわけでもなく、裁判長の問いかけもうわの空、何が本当に悪いのか、実際、当の本人にもよくわかっていないともいえるのではないでしょうか。

■スポーツは明るくさわやか？

私は、先日、電車の座席を占有し、ジュース片手に、あたりかまわず大声でおしゃべりに興じ、わがもの顔で高歌放吟して大いに盛り上がっている女子高生のバレーボール部員の一団と乗り合わせました。あいにく、日曜の夕刻のためか電車は満員で、立錐の余地もないほど混雑した情況で、私だけでなく、他の乗客も彼女たちの傍若無人な振る舞いに眉をひそめながらも、ただひたすら我慢の体《てい》でした。無邪気な彼女たちのジャージには近隣でも有名なバレーボール名門校の校名が刻まれていました。そして、立ったままのお年寄りやむずがる子どもを前にしての彼女たちの振る舞いに、私は冒頭で記したプロ野球選手と同様の、「バレーボールさえ強ければ何をしても許される」という「甘え」と「独善」を感じずにはいられませんでした。

しかし、恥ずかしい話ですが、このようにいう私にも彼女たちと同様の経験があります。まだ学生だったころ、練習帰り、深夜の山の手線の車中で、先輩から「度胸だめし」といわれ、人への迷惑も省《かえり》みず、大声で「自己紹介」をしたり「校歌」を歌ったりしたことがありました。そのころは、心の底ではこのような行為に疑問を持ちつつも、社会の規範よりも自分が所属する部の規範や先輩こそが一番大事だと思っていました。だからこそ、私には彼女たちの「甘え」や「独善」が、なおいっそうよくわかります。

「スポーツは明るくさわやか」、そして「スポーツマンはすばらしい」といわれてきました。もう少しアカデミックにカッコよくいえば、「スポーツは思慮深い人間を創ることに貢献する」、つまり「スポーツは人格を陶冶し、形成する」とでもいうことになるのでしょうか。

でも、このことは少しまともに考えてみれば、どうも疑わしい気がします。ゲーム場面で、だれにパスをするか思慮深く考えるような、プレイに時間がかかる選手は、スポーツでは役に立ちません。何も考えず、それこそ本能的にプレイする人こそ有能だといえます。どうもスポーツという文化は、深い思慮とは別のところにあるのではないかと思ってしまいます。

また、好き嫌いを別にして、スポーツという文化は、優れた者が勝ち、劣った者が敗れる、優勝劣敗の法則に裏打ちされた文化です。小学生でも徒競走で、いくら仲よしの友達同士であっても、彼（彼女）と「お手々つないでゴールイン」することが許されないのは百も承知です。甲子園をめざした高校野球も、予選から参加する四千校余りの学校のうち、最後まで負けずに優勝できるのはたった一校だけです。思いやり、優しさでは、スポーツの世界では勝ち残れないのかもしれません。このようなスポーツが、金と結びつき、勝利が手段となる時、優勝劣敗の法則も容易に弱肉強食文化に転化してしまいます。

この後の本書で、おいおい述べていきますが、「弱肉強食文化」と化した現代スポーツには、残念ながらかつて日本中を席巻した長野オリンピックの感動で味わった「明るく、さわやか」などという表面的側面よりも、その深層に人間の醜悪さが集約されているといわざるを得ない側面もたしかにあります。そして今、マルクス風にいえば、現代スポーツの表面だけを解釈することではなく、スポーツ文化を真の意味で人間のものとするために、スポーツの現実を直視し変革することこそが本当に大事だと考えます。

■一緒に「倫理」しましょ！

「現金《ゲンナマ》至上主義」が支配した現代スポーツは、薬物ドーピングのみならず、血液ドーピング、中絶ドーピングも生み出しました。また、サッカーフーリガン（熱狂的サポーター）による暴動が頻発するイギリスでは、政府がさまざまな対抗措置をとっていますが、フランスW杯の予選にもみられたように、このような困った現象が、日本でもみられ始めました。

さらに自由と平等を標榜したスポーツにも、アメリカの黒人差別や日本の在日韓国・朝鮮人差別などの少数者排除の問題が横たわっています。スポーツ振興投票法案（サッカーくじ法案）が「スポーツでギャンブルが許されるのか」といった視点からの多くの反対を押し切って、国会を通過しました。そして政府は、二〇〇〇年からテスト販売を開始します。

長野オリンピックで物議をかもしたスキーの滑降問題、あるいはまた隆盛を極めつつあるアウトドア・スポーツにみるように、スポーツと自然がどのように調和すべきかという大きな問題が私たちにつきつけられています。自然林を破壊してのゴルフ場の濫造や農薬汚染は、深刻な環境破壊をもたらしてもいます。また、アトランタ・オリンピックにみられたように、現代のオリンピックはテロと隣り合わせなのかもしれません。

もっと身近な例でいいますと、ゲーム中の意図的な反則や暴力事件も頻繁に起こります。そして相変わらず部活動では体罰が行われています。国民体育大会(以下、「国体」と略す)には莫大な公費が投入されるのに、納税者としての市民のスポーツ権は真に保障されているとはいいがたい現実があります。巨大なスポーツ産業のなかで、私たち市民は格好のスポーツ消費者に仕立て上げられているといった感じがぬぐえません。さらに「エホバの証人」の武道拒否問題は、最高裁に持ち込まれました。

このような問題を前にして、私たちはいったい、「スポーツ」をどのように考えたらよいのでしょう。現代スポーツに噴出する問題を「感情論」や「(損得)勘定論」で、すべて切り捨てますか。それとも、興味半分で「いいじゃないか」と考えますか。自分が利益の得られる時は容認し、不利益をこうむったり、かやの外に置かれたりする時には反発しますか。たとえば、ドーピングひとつとっても、いちがいに「悪」とは決めつけられないのですが……。

本書は、ここにあげたような現代スポーツの諸問題を、「感情論」や「勘定論」ではなく、倫理的視点に立って考えようとしています。私は真のスポーツ文化を創ろうと思えば、現代スポーツのブラックボックスも一度はくぐり抜けなければならないと思っていますし、現代スポーツの問題を演習問題にして解いていくなかで、きっと新しい、明るくさわやかなスポーツのイメージや指針が生まれてくるように思います。

（友添秀則）

［注］

1) 朝日新聞　一九九七年十二月十八日付。
2) 朝日新聞　二〇〇〇年三月二十四日付。
3) 朝日新聞　二〇〇〇年三月五日付。

2・なぜ、今、スポーツを倫理するのか

■非日常の世界

私が体育やスポーツの勉強を始めたころ、大学のある講義でホイジンガの『ホモ・ルーデンス』1)

について学んだことがあります。そこで、「遊び（ludus）」の概念でスポーツについての説明を聞いた時の違和感を、今でもはっきりと覚えています。それは、「遊び」やそれに端を発する本来のスポーツが「自由」で「非日常の空間」で行われるものであるといった説明[2)]が、当時、勝利至上主義の真っ只中で毎日の生活を送っていた学生の私には、現実の直面する「私のスポーツ」が何とも「不自由」で「日常の延長上」にあったことと比較して納得がいかなかったからです。

でも、皮肉をこめていえば、私たちの収入とは比較にならない莫大な金のために、薬物ドーピングのみならず、血液ドーピング、中絶ドーピングまでして勝利と金を得ようとする現代のスポーツは、ホイジンガが「遊び」について語ったのと同じように「日常の規範をいったんは放棄した」、まさに「非日常の世界」になってしまっているようです。

このように書けば、スポーツから大きな感動を得てきた読者の多くは、スポーツが嫌いになるかもしれませんね。でも、これまでずいぶんスポーツのよい面ばかりが語られてきましたから、これぐらいの引き下げ方をしなければフェアではない、と私は思っています。

本書でスポーツを「倫理」する前に、まず「なぜ、今、スポーツを倫理するのか」ということについて、少し考えてみたいと思います。

■私の個人史から

唐突ですが、「学問」はどうして生まれるのでしょうか。結論から先にいってしまえば、従来にない新しい学問や研究領域が生まれてくるのは、必ずそこに何らかの必然性をともなうやむにやまれぬ事情があるからです。

たとえば、医学の発展は現代の医療技術を飛躍的に進歩させました。体細胞核移植クローン羊の誕生は、強力な反対が想定されても、将来のクローン人間の登場を予感させます。また、延命治療の向上は、臓器移植との関連で、脳死の議論とともに人間に「死とは何か」という大きな問題をつきつけてきました。出生前診断の技術の向上は、重度の障害をもった胎児の発見を可能にし、新たに選択的人工妊娠中絶の倫理問題を生み出しました。技術の画期的な向上や進歩は新たな問題状況を生み出し、このような問題状況を克服するには既存の学問領域では対応できず、この場合でいいますと、バイオエシックス（生命倫理学）という新しい学問を誕生させました。

このように、新しい学問が生まれてくる背後には、必ずそこに必然的な理由があるという点では、後述するように、スポーツを倫理的に考察する「スポーツ倫理学」も同様です。でも、私にとってのスポーツ倫理学は、学生時代の私の生活にとってのもうひとつの大きな個人的必然性から生まれてきたものでもありました。

私は今でも、二十年以上前の新聞記事を自戒を込めて手元に置いています。それは、私が当時所属していた運動部も関係した、選挙違反に関わる集団買収事件の記事です。多くの運動部学生がわずかな現金と引き替えに、集団で不在者投票を行い、これが公職選挙法違反容疑に問われたものです。結局百名を超える学生が、当該事件の関係者の自殺もあって、全員起訴猶予を受け、書類送検で事件が決着しました。当時、国会の文教委員会でも議論され、連日新聞に掲載されましたから、読者のなかにもご記憶の方がいらっしゃると思います。

そしてこの事件の処分をきっかけに、当時、多くの運動部が自発的に対外試合を自粛したり、運動部活動を休止したりしました。ちょうどこの事件と同時期に私が所属していた部では、暴行事件も発覚しましたから、「自粛」はさらに長引きました。毎日の激しい練習や厳しい上下関係も、試合のためと割り切り、勝利至上主義の生活に浸りきっていた当時の私にしてみれば、正直このような事態には納得がいきませんでした。この時の心境は、前節のプロ野球の脱税問題の「見出し」に書いたよ

筑波大生は全員起訴猶予

県議選の買収投票

将来への影響考慮

「反省も強い」と地検

父親悩み焼身自殺

買収投票に関わった学生の起訴猶予を伝える新聞記事（1979年3月3日、朝日新聞）

うに、まさに「なぜ悪いの？」というものでした。

以前、不法な株取引の容疑を受けた国会議員が自殺を図った時、「そんな取引はみんながやっているのに、なぜ彼だけが摘発・糾弾されるのか」という声が起こりましたが、今から思えば、その時の私の心境は、これと同じだったのかもしれません。

減量のために、自分のノドに指を突っ込んで食べたものを吐いたり、練習と暴行が紙一重という集団生活を送っているうちに、自分たちのルールが、社会のルールである法律に優先するという思い上がりをいつしか持ち始めていたのでしょう。

社会のルールと自分たちのルール、いわゆるダブル・スタンダード（二重規範）があって、その違いが認識されずに、自分たちのルールが一般社会よりも上位にあると誤解する時に大きな誤りが生じます。それに気づくには、時間が必要でした。そして、一連の事件を契機として、私のなかに芽生え始めた「大学に入学して以降、いったい何を勉強してきたのか」という自問は、「本当にスポーツが人間を創るのか」という、私にとっての重大な問題意識に発展し、眼前に立ちはだかるようになりました。

■スポーツ倫理学は今

大きな問題意識に駆られ、勉強を始めてみると、「スポーツは人間形成に有効」というものばかりです。それらの一般的な論調は、近代イギリスのパブリックスクールのスポーツ教育をモデルに、フェアプレイの精神やスポーツマンシップが必ずやすばらしい人間を創らずにはおかないといった願望ばかりです、と書けば、それらの著者たちに叱られるかもしれません。でも「健全な身体に健全な精神が宿れかし」のたとえどおり、スポーツは協調性、社交性、秩序重視の気風を養い、快活な人間を創るという大方の論に、当時の私は緊迫した自分の生活をそれらの雑誌論文や著書に投影して、もううウンザリといったところでした。

スポーツの事実を冷徹な目で見据え、それを批判的に検討することは、特にスポーツに青春を賭けた者にとっては厳しい試練をともなうものです。というのも、スポーツの現実を否定的にとらえることは、一面ではスポーツに懸命に関わってきた自分の過去を否定することにつながるようにみえたり、時には自己のアイデンティティの喪失にも思えるからです。

一九八〇年ごろ、日本のどこをみても、私の疑問に答えてくれるようなものはなく、学問的な立場に依拠したスポーツの倫理的研究はもとより、「スポーツ倫理学」という名称さえもありませんでした。一九七〇年以降、アメリカを中心とした国際スポーツ哲学会（略称IAPS、一九七二年設立）から、ドーピングに代表されるスポーツの倫理的諸問題に対処するために、スポーツの倫理的研究は始まりますが、当然、その時の私にはそのようなことは知る由もありませんでした。

さて、現在、**表1**に示したように、スポーツの倫理的研究には、大別して二つの研究に関する傾向があります。そのひとつは、スポーツが人格形成に貢献するか否かを問う研究です。このテーマは古くて新しいものですが、スポーツの人格陶冶機能に関する賛否の論争は、その問題の性質上、現在でも結論が出ていません。ただし、この種の研究の大きな特徴は、それまでの無前提なスポーツ礼賛とは大

表1　スポーツの倫理的研究の今

スポーツと人格形成をめぐる研究	①スポーツは人格形成に有効とする立場＝スポーツは倫理的価値を促進するとの見解 従来―公正・正義・不屈の精神・謙虚などの美徳がスポーツによって無前提に創られるとする願望を込めての主張 現在―一定の理論的基盤に依拠したスポーツ教育（体育）を実施して可能とする見解 社会的学習理論(Social Learning theory)と構造的発達理論(Structual development theory)が主流＝フェアプレイ教育など (a)社会的学習理論 スポーツ経験での有能な他者との相互作用を通してモデリング（模倣）や強化(reinforcement)の結果として可能 (b)構造的発達理論 スポーツのなかでの意図的な道徳的葛藤（ジレンマ）場面の経験と問題情況をめぐる適切な対話（話し合い）によって可能 ②スポーツは人格形成に有害とする立場 スポーツでの勝利の追求は、スポーツマンシップやフェアプレイ精神を堕落させるばかりか、スポーツは人間の暴動本能を刺激し、逸脱行動を起こさせる誘引を内在する。また、スポーツは体制批判をしない保守的な人間を形成することに貢献する。スポーツの倫理は、一般社会の倫理の反映にしかすぎないとする理論背景。 ③スポーツは人間形成に無効とする立場 元来、スポーツは倫理的に無価値であり、スポーツが特定の目的に奉仕するものでない以上、スポーツの倫理的研究も無意味。
スポーツの規範的研究	スポーツの規範的研究の対象領域 ①スポーツと暴力 例　○サッカー・フーリガニズム、身体接触スポーツ、ブラッド・スポーツ、体罰などに見る暴力の倫理的検討 ②スポーツとアスレティシズム（勝利至上主義） 例　○ドーピング、試合中の意図的反則、競争などの倫理的検討 ③スポーツと平等 例　○スポーツにおける人種差別、機会均等、男女平等、権利などに関する倫理的検討 ④スポーツとナショナリズム 例　○スポーツと政治、スポーツと国家・個人の関係構造などの倫理的検討 ⑤大学スポーツ 例　○スポーツと不正入学、大学スポーツとアカデミズム、コーチの権力、スポーツ奨学金などの倫理的検討 ⑥スポーツと商業主義 例　○オリンピックの商業主義、選手の人権、報酬の配分的正義などに関する倫理的検討 ⑦スポーツと環境 例　○ゴルフ場、マリン・スポーツなどによる自然破壊の倫理的検討 ⑧その他の研究（スポーツの規範的研究に含まれないものも含む） ○スポーツにおける道徳言語（スポーツマンシップ・フェアプレイ精神など）の分析的・概念的研究 ○スポーツ・ルールの拡大解釈の倫理的検討 ○試合の本質に関する倫理的検討 ○スポーツにおける植民地主義の倫理的検討 ○選手の労働権に関する倫理的検討

きく異なり、最近ではN・ハーンやL・コールバーグらの社会心理学や倫理学などの学問的成果に立って議論が展開されているということです[3)]。

もうひとつの傾向は、一九六〇年代以降過熱する、スポーツの勝利至上主義によってもたらされた、スポーツの倫理的逸脱現象への現実的対処という必然性によって生まれてきた研究です。その大きな特徴は、J・ロールズ、R・ドゥウォーキン、R・M・ヘアーらの「新しい倫理学」の成果を基に、スポーツの諸問題に対して実際的で現実的な解決策を模索しようとする点にあります[4)]。

ここであげた一九七〇年代以降アメリカを中心として本格的に展開しだしたスポーツの倫理的研究は、一方ではスポーツの倫理的逸脱現象への現実的対処という実際的要請に負っているのですが、他方では一九六〇年代のアメリカ社会の変容に対応した倫理学そのものの変化の影響も受けています。一九六〇年代のアメリカは、ベトナム戦争に対する反戦運動の盛り上がり、ケネディ大統領の暗殺、黒人暴動、学生紛争、ウォーターゲート事件に代表される政治不信、そしてマリファナ、ヒッピー、フリーセックスがファッションの一部になった社会でした。

このようななかでは、何よりも現実の社会問題に対処できる実際的な規範や倫理が求められ、それまでの現実の生活には何の役にも立たない倫理学、メタ倫理学から、実際的で現実の生き方を示唆する新しい倫理学、規範倫理学への転換が行われました。そしてスポーツ倫理学は、主に後者の成果を用いながら本格化していきます。

私がスポーツの倫理的研究の勉強を始めたころは、規範倫理学のスポーツへの適用が始まったちょうど第一段階だったようです。

■なぜ、スポーツを倫理するのか

現代のスポーツは、さまざまな側面で規模が巨大化し、一種のブラックボックスになっています。そこには、人間がスポーツに隷属する現実がいたるところにみられ、まるで人間がスポーツという装置のなかで目的設定の自律性を喪失したかのようです。今、スポーツの果てしのない科学化と技術化が進行していくなかで、これをどこかでストップさせないと、スポーツによって人間性が破壊されてしまうと思えるほどです。でも、本来、スポーツは価値中立的なもので、善悪どちらにも使えるものである以上、いちがいにスポーツを抑制することは、スポーツという文化そのものを歪めるもとになることも肝に銘じておかなければなりません。

今でも社会状況に無関心であることが、よいスポーツ選手の条件であるかのようにみる風潮があります。そしてまた他方では、「スポーツはよい」と語られつづけてきました。元来、価値中立的なスポーツをよくも悪くもするのが人間です。

私は、今までスポーツの巨大化にともなう管理方式の文化をつくらずにやってきたことに、現代スポーツの大きな問題があったと思っています。言葉を換えていえば、スポーツが人間にとってふさわしい機能を発揮するような「見張り」が必要です。どうひいき目にみても、スポーツには人間らしさを破壊する力があります。だからこそ、スポーツについての正しい目的を見定めるための「スポーツ・アセスメント」が必要です。

スポーツで何が許され、何が許されないのか、スポーツの限界を自ら定めなくてはなりません。その限界を見定めるためには、どうしても「倫理」が必要です。人間の英知と力でスポーツという文化を守るためには、「スポーツを倫理すること」、これが今、必要です。

（友添秀則）

［注］

1）ホイジンガ、高橋英夫訳、『ホモ・ルーデンス』、中央公論社、一九七三年。

2）後年、ホイジンガが「スポーツが遊びの領域から去っていく」と、『ホモ・ルーデンス』のなかで述べていることを知った。

3）スポーツと人間形成の関係については、次の文献に書いたことがある。参照されたい。

○友添秀則、「社会的学習」、竹田清彦他編、『体育科教育学の探求』、大修館書店、一九九七年。

○友添秀則、「体育と人間形成」、体育原理専門分科会編、『体育の概念』、不昧堂書店、一九九五年。

4）現代のスポーツの倫理的研究について知るには、次の文献を参照されたい。

○友添秀則・近藤良享、「スポーツ倫理学の研究方法論」、体育原理専門分科会編、『スポーツの倫理』、不昧堂書店、一九九二年。

○R・サイモン、近藤良享・友添秀則代表訳、『スポーツ倫理学入門』、不昧堂書店、一九九四年。

3・めざめよ！　スポーツパーソン

■スポーツの時代

春、暖かな陽射しを待ちわびた子どもたちが、キックボードやスケートボードで街の歩道をわがもの顔に走り始めます。プロ野球のオープン戦の開幕とともに、父母の大きな声援を受けて、スポーツ少年団での子どもたちの活動も、本格的に始動します。夏、炎天下でくりひろげられる高校球児たちの数々の熱いドラマ、甲子園大会にだれもが一喜一憂します。秋、涼風が感じられるころ、地域の運動会やトリムの祭典などなど、スポーツ行事が花盛りとなるでしょう。冬、満員のスキーバスに揺られて白銀の世界へ。アフタースキーに、彼（彼女）との熱い思い出が刻まれます。このように、スポーツは今や私たちにとっては身近な存在になりました。

今からおよそ百年前、イギリスのパブリックスクールの小さな校庭で、校長たちの懸命の禁止にもかかわらず、幼い悪童たちが夢中になって楽しんだフットボールも、今、世界中で選手や愛好者の総数が十四億人にものぼるといわれるサッカーになりました。地球上の人間の四、五人に一人がサッカーファンということになります。一九九八年のサッカーW杯では、電通総研のW杯大会前の試算によると、観戦のためにビデオを買い替えたり、現地に行って応援したりで、その経済波及効果は千六百億円余りになるとはじかれました。

近代という時代に生まれたサッカーやバスケットボールなどのスポーツを、仮に「オールドスポーツ」と呼べば、今、老若男女を問わず愛好されている「ニュースポーツ」は十年前のデータでも四百種目近く（一九八八年現在、三百七十九種目。『健康と体力』、文部省による）もあるといわれています。そのなかには、「マイクロライト」や「リコシュ」など、私が聞いたこともみたこともないものも数多く含まれ、今こうしている間にも、新しいスポーツが生まれつつあるかもしれません。

一九八〇年代に日本に移入されて始まったラクロスは愛好者が一万三千人、長野オリンピックの種目にもなったカーリングも約二万人の愛好者がいます。また、かつては命がけだった世界最高峰のエベレストへの登山も、すべてのルートが登りつくされ、登頂者も千人を突破しました。今やエベレストの山頂も大衆化時代を迎え、ガイド付きのパックツアーも登場しています。そしてわが国の登山人口は、七百八十万人にも達しています。

首都圏の駅で一日に即売される日刊のスポーツ新聞の発売部数は、二十五万部から三十万部といわれています。中田選手が活躍した一九九八年のサッカーW杯の日本対アルゼンチン戦の掲載日には、百万部が刷られています。不況のなかで、一時低迷したフィットネス業界も、新しい経営戦略の下、顧客の年齢層の拡大や営業時間帯の拡張などを行い、市民生活に定着してきた感があります。

このようなスポーツの隆盛を目の当たりにして、私には強烈な思い出として残っていることがあります。それは、私の高校時代の進路相談でのことです。体育学部に進学したいと担任に申し出た時、「君、スポーツはまだまだマイナーだよ。スポーツでメシを食うことはむずかしいよ。進路を考えなおしたほうがいいね」と話された困惑顔の先生の表情が目に浮かびます。正直に告白すれば、当の私もこれほどスポーツの隆盛の時代がくるとは思ってもみませんでした。

ＪＲや私鉄の駅で即売されるスポーツ新聞

■スポーツは花盛り、その影で

マスコミがスポーツを「文化」としてあおりたて、スポーツが私たちの日常生活でますます大きなウェイトを占める状況があるからこそ、私には少し立ち止まって考えてみたいことがあります。私がスポーツの倫理の重要性を盛んに述べれば述べるほど、それを嘲笑うかのようにスポーツの世界には毎日、大小さまざまな問題が起こっています。

一九九八年、フランスで行われたサッカーW杯は、別の見方をすれば、世界テロ大会、あるいは世界スリ大会とでも呼べるものでした。世界が注視し、多数の観客が集まるW杯には、世界中からテロリストとスリが続々と集まりました。W杯開幕の三ヵ月前、ベルギーではW杯をねらった武装イスラム集団GIAという過激派の一団が逮捕されています。開幕日前日の前夜祭では、フーリガンがパリの街で大暴れし、十五人が警察に身柄を拘置されたり、フーリガンによる殺人事件も起こりました。この大会全期間を通しての暴力行為などによる逮捕者は、百六十五人にのぼりました。

開幕戦の好カード、ブラジル対スコットランドの試合前には、フーリガンの暴走を抑えるため、会場入り口で警官が観客の身体検査を行いました。そしてこの試合は、フランス組織委員会が配置する警備要員約千人、フランス警察の動員警官約千人が見守るなかで実施されました。そこでの観戦は、敵対するフーリガンのグループ同士を接近させないため、八万人収容の観客席を四等分し、観客が区域外に出ないように制限を加えてのものでした。二〇〇二年の日韓共催のW杯の警備に向けて、日本の警察庁も視察や情報交換のために職員をフランスに派遣しています。

また、W杯チケットのカラ売りも日本の社会問題となりました。チケット販売に絡んで利権を求めて群がる裏社会のブローカーの存在やヤミルートが白日の下に曝け出されました。一枚、正規料金約六千

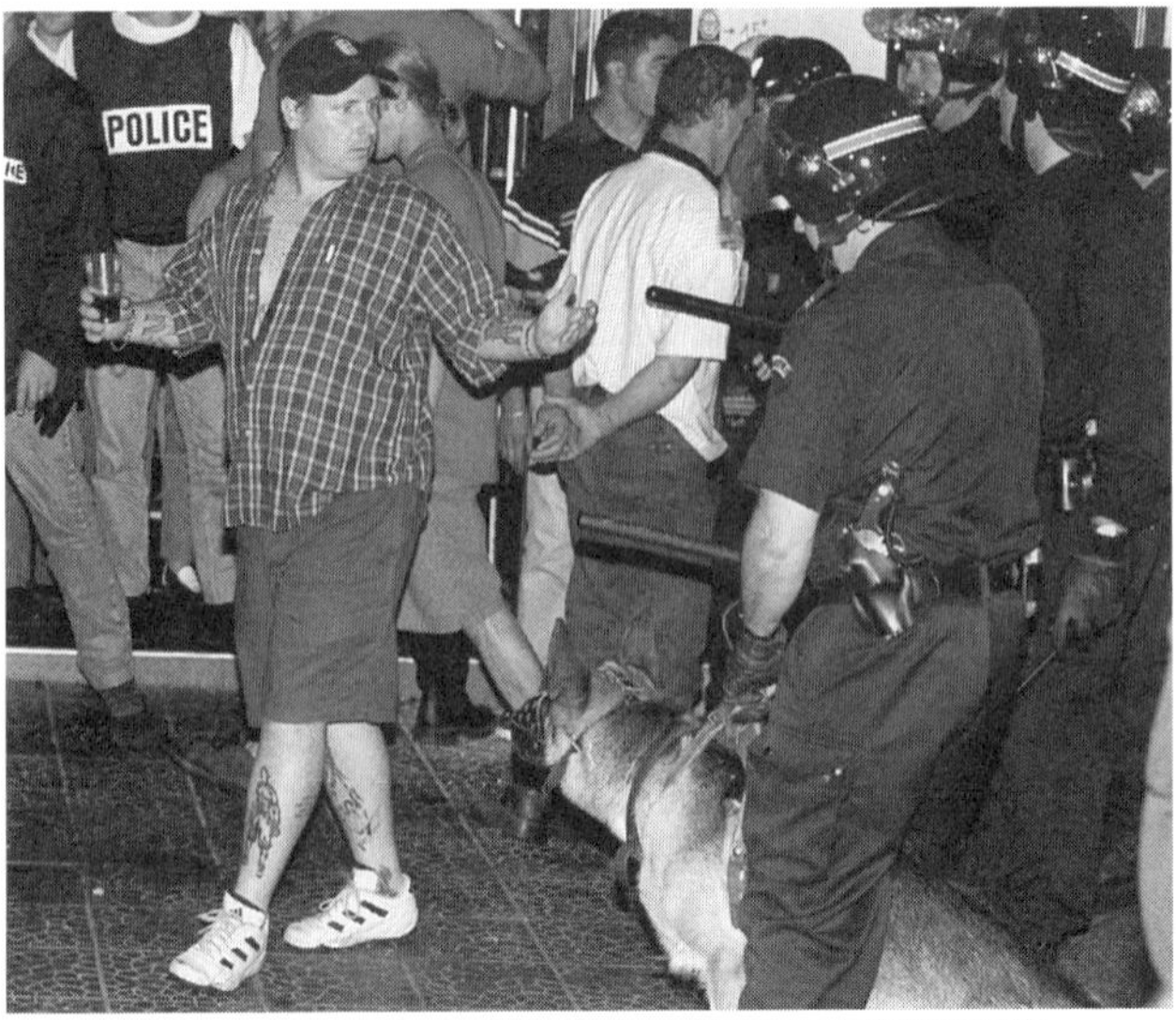

フランスW杯でのフーリガンの動きに警戒する警察官(共同通信社提供)

円(二百五十フラン)のチケットをダフ屋から数十万円で購入する日本人サポーターの嬉々とした笑顔がテレビ画面に映し出されました。

私の身近な例でいえば、相変わらず部活動での体罰が絶えません。私が住んでいた近隣の中学校で、「練習試合中の応援の声が小さい」との理由で、男性教師が一、二年生のバスケットボール部員十三人を平手打ちにし、二年生一人の鼓膜を損傷するという事件がありました。福井県では高校の野球部員が「不服そうな態度をみせた」という理由で監督から殴られるという事件もありました。体罰に関しては、これまで国家賠償の対象にならないとされた教師個人にも、賠償金を実質的に支払わせるという裁定が、一九九七年十一月、大阪高裁から下されていますが、これも結局頻発する体罰への制裁金による抑止ということでしょうか。

スポーツ施設の発注をめぐる談合も明らかになりました。スポーツ施設の公共工事をめぐる談合は、一九九〇年から五年間で約五百三十件、落札価格の総額は約二百八十七億円にものぼります。長野オリンピックの開・閉会式に使われた「南長野運動公園」の造園工事も業者の話し合いで受注業者が決められていました。フェアプレイの尊重が叫ばれるスポーツの世界の裏側で、談合が行われていたことになります。談合は、自由な価格競争を破壊し、高値での落札をもたらすわけですから、私たちの税金が不当に使われることになるわけです。

税金の問題で付け加えていいますと、二〇〇八年の大阪オリンピックの招致に関して、大阪市は一九九七年度末までに、国際競技大会の招致費用を含めて二十億円を使い、一九九八年度の予算に六億七千万円を計上しました。周知のように、オリンピック開催地の決定は、IOC（国際オリンピック委員会）がスキャンダルに揺れ改革されるまでは、決定方式が約百十人のIOC委員の投票で決まりましたから、招致委員会は票を獲得するために、開催地決定の総会直前には会場近くの別荘や高級ホテルを借り切り、委員の家族を含めて接待することが慣例になっていました。そしてこのような接待費用に、公金が使われていました。一方、長野オリンピックの招致委員会が、約二十億円に上る会計帳簿を紛失し、その使い道を明らかにしませんでしたが、多額の公金を賭けて、オリンピックを招致しようとするゲームへ参加することは、その得失を考えれば再考すべき余地があると思います。

もっと小さなレベルでは、ゴルフ場でホールインワンをでっちあげ、ゴルフ保険金を騙し取る事件がありました。世間を不快にさせた官僚接待も「みどりのお座敷」こと、ゴルフ場が舞台となりました。バブル期に全国に造られたゴルフ場のゴルフ会員権（預託金）の償還時期が間近に迫っています。一九九〇年をピークとしてゴルフ会員権相場が急落し、現在はピーク時の四分の一の水準に落ち込んでいます。今、バブル期に建設されたゴルフ場の会員権の市場価格は、当初の預託金の額を下回っており、今後、各地のゴルフ場の倒産や預託金返還をめぐっての訴訟が予測されます。ゴルフ会員権をプレイのためではなく、財テクブームに煽られて投機の対象としたつけが今、返ってきそうな状況です。

一九九八年一月に発覚した、帝京大ラグビー部の集団レイプ事件は、わずか五ヵ月の対外試合の自粛と約一年間の公式戦辞退で収束しました。もうあんな事件など、どこにもなかったかのようです。私は、この事件の背後には、スポーツに関わる人間の傲慢さと醜さしかみえず、人間の品位や尊厳に対する冒涜が感じられ、ここに取り上げたくもないというのが実感です。と書けば、スポーツを倫理することは、決して感情論ではなく、スポーツの現実を冷徹に直視することであると考えている私自身が、スポーツを倫理する資格をなくしてしまいます。

今、ここにあげた現代スポーツにまつわる数々の不祥事、いや、これらは決して「不祥事」などではなく「悪事」ですが、こういった大小さまざまの悪事は、「スポーツとは何か」という問題を否応なく私たちに突きつけてきます。またしてもこのような悪事も「過去は過去として自覚的に現在と向き合わずに、傍におしやられ、あるいは下に沈降して意識から消え『忘却』されて」[1]しまうのでしょうか。そして、同じ悪事が再び繰り返されるのでしょうか。悪事が露呈すれば、監督や責任者が辞任して、またしてもすべてが一件落着ということになるのでしょうか。

私は、現代スポーツのこのような状況やこれらの問題を現出させる根源には、そしてまたこれらの「問題」の「責任」を真剣に追及せず、時の流れとともにいとも簡単に「忘却」させてしまう根底には、日本人の貧困でデタラメなスポーツ観があると思っています。さらに皮肉を込めていえば、日本の体育科教育がつくり出してきた学力の成果が、所詮このレベルでしかないことを表しているとしか思えてなりません。

■スポーツ文化の棚上げ！

サッカーくじ法案（正式には、「スポーツ振興投票の実施などに関する法律」）が成立し、スポーツ文化が声高に叫ばれれば叫ばれるほど、私には「スポーツは文化である」というメッセージが棚上げされていくように思えます。一見スポーツの花盛りの背後で、スポーツ文化の否定ではなく、これを神棚に祭り上げての棚上げ状況が進行しつつあるようです。

このような状況は、スポーツ科学の在り方にも大きく規定されています。近年のスポーツ科学は目を見張る勢いで進展してきました。そこでは、スポーツ文化の一部が、各専門家の研究対象として尊重され、スポーツを真面目な学問の対象とすることが永らくアカデミック・タブーであったことが、遠い昔のようです。でもそこでの尊重は、あくまで分断的尊重であり、どうもこれをスポーツ文化の尊重と錯覚しているフシがあります。

たとえば、スポーツの競技力向上研究に代表される自然科学的研究には、スポーツ文化は必須要件ではありません。スポーツ文化を分断・細分化しての研究の深化は、スポーツ文化の棚上げに他なりません。文化の細分化はそれぞれを孤立させます。そしてスポーツ文化は否定されず、尊重されているのだから、分断・分裂した個々の研究のみでよいとする風潮が、スポーツ科学研究に大手を振るわせることになります。

いうまでもなく、文化はそのなかに倫理を含んだひとつの統一体ですから、スポーツ科学が統一体としてのスポーツ文化を必要としない時、スポーツ文化やスポーツ科学も倫理を必要としなくなります。残念ながら、このような現在のスポーツ研究は、先にあげた現実の諸問題には無力といわざるを得ません。

近代スポーツやそれを支えるスポーツ科学がめざしてきたものは、効率の増進、別言すれば、時間の短縮や時間性の圧縮でした。時間性の圧縮は何よりも、意識の圧縮をもたらしますから、思考や倫理的思索の圧縮、つまりは倫理を考えない世界をスポーツの世界やスポーツ科学の世界にもたらすことになります。このような近代スポーツやスポーツ科学のなかでは、必然的にモラルハザード（倫理の欠如）が生まれてくるようになります。

スポーツの世界の閉鎖性や独善性に対してスポーツパーソンの粘り強い告発がなければ、たぶんスポーツの世界は、なにも動かないし、なにも変わりません。スポーツの世界の不正や不透明さに徹底して情報の開示を求め、説明責任（アカウンタビリティー）を問うていかなければ、スポーツの世界はいつまでも社会の腐敗や不正を映し出す鏡でしかありません。

たとえば手初めに、一九九八年のサッカーW杯の五十人にもおよぶ日本選手団の往復旅費とホテル滞在費、食費などは、いったいだれが負担したのか。彼らの練習の警備に当たったガードマンの経費はいくらでだれが払ったのか。国際サッカー連盟の負担とすれば、その財源は何に依存しているのか。入場料収入だけか、はたまた放映権料やスポンサー企業からの収益によるのか。そして放映権料やスポンサー企業の負担を結局、だれが最終的に担うのかなどを知ることから始めるのもよいでしょう。あるいは、今後行われるサッカーくじが、政治の貧困を隠そうとする代替案ではないのかという疑問をもってみることも必要でしょうし、また身近な公営のスポーツ施設の利用状況、維持・管理費の使途を調べたり、必要ならば、これらの運営に関する情報の開示も求め、運営主体の責任を問うていかなければなりません。長い間、日本の社会は「由らしむべし、知らしむべからず（情報を与えず、行政や権威に依存させる）」の体質できました。私はまず、スポーツの世界から、このような日本社会の体質に風穴を開け改善させていきたいと願っています。

複雑な現代社会のなかで、多極化した関係の網のなかにあるスポーツの世界を眼前にして、今何よりも立ち止まり、スポーツの世界を考える時間性の回復と倫理が必要です。近代国民国家を前提に帝国主義と植民地主義に彩られ、勇気や献身、忍耐などに代表される男性文化を支えるエリート・イデオロギーであった「スポーツマンシップ」から、地球時代に相応しい新しいスポーツ観を支えるに足る、自立した地球市民のための「スポーツパーソンシップ」の徳目を模索すること、これが求められています。複雑怪奇なスポーツの現実を前にして、対面（対人）倫理を基調とした「スポーツマンシップ」はもう時代遅れで、すでに限界です。そして、新しいスポーツパーソンシップを武器に、いつも社会に従属的だったスポーツの世界から、今度は社会を変革する力（エンパワーメント）を発揮しようではありませんか。

さて読者の方々は、こんなスポーツの現実を前にして、まだ能天気な極楽トンボのスポーツファンでいつづけますか。それとも、もうスポーツの傍観者はやめにして、スポーツ・オンブズマンに見事変身しますか。「野性のターザン」か「クスリ漬けのサイボーグ」、これだけが現代スポーツの人間像の選択肢ではありません。

次章からは、現代スポーツの具体的な演習問題に入ります。演習問題を読み解いていくなかで、新しいスポーツパーソンシップに必要なアイテムをいっしょに考えていきましょう。

（友添秀則）

【注】

1）丸山真男、『日本の思想』、岩波書店、一九六一年。

第2章

競争と公正の倫理学

1・トップスポーツはおいしい世界?!　―スポーツとカネ―

■事実を直視する

「あなたはオリンピックで金メダルがとれるなら、『五年後に死ぬ』とわかっていても薬を使いますか」。いえいえ、お間違いなく。これは読者のみなさんへの質問ではありません。この質問にオリンピック選手のなんと五十二%が「イエス」と答えたといいます[1]。オリンピック選手の過半数が、「死」と引き換えでも、ドーピング(Doping)によって「勝利」を手中に収めたいと考えています。

ここでは、なぜそれほどまでにスポーツのトップ選手が勝利にこだわるのかを追ってみたいと思います。勝利に異常に執着するには、きっとそれなりの理由や背景があるはずです。その背景を抜きにして、感情的にドーピング批判をしたところで、一部分だけをみて、全体を見渡すことができないことになってしまいます。常識的な発想からは、「死」よりも「勝利」のほうが尊いと考えるのはたしかに「異常」でしょうが、「正常」のなかの「異常」が多数を占める時、それはいとも容易に「正常」になってしまいます。

さて、まず最初に、どんな立場に立ってみていくべきか、そのことについてお話しておきます。私は本書の初めに、現代のトップスポーツは「勝利至上主義」にとって代わって「現金《ゲンナマ》至上主義」が支配し、スポーツ文化が「弱肉強食文化」と化したと述べました。果たしてそれは本当なのか。まずそのことを疑ってみる必要があります。

「現代スポーツを倫理する」ために欠かせないこと、それは現代スポーツに対する「言説」を盲目的に信じることではなく、まずそれを疑ってみることです。そしてその後、事実を冷静に直視し、分析することです。つまりここでは、現金《ゲンナマ》至上主義が現代スポーツにどのように蔓延しているのか、その事実を確かめることが大切です。

それでは、ドーピングの背景には巨額のカネがあると思い定めて、あなたもトップ選手たちの今を追いかけるレポーターになってみましょう。

■トップスポーツはカネが稼げる商売か？

今のトップ選手は、「勝つこと」によって、いったいどれほどの収入を得ているのか、それがここでの問題です。残念ながら、彼らの所得は闇のなかです。というのも、たとえトップ選手であっても、彼らが私人である以上、自分の所得を公開する義務はありません。だれだって自分の収入を明らかにすることは嫌なことですから。

でもメッキされたオリンピックの金メダルを獲得することによって、彼らはどれほどの収入や特典を得ているのかについてはわかります。そこで、まずそのことについて述べてみます。

一九九二年のバルセロナ・オリンピック。この大会は冷戦の終結とともに、アメリカと並んでメダルを独占してきた旧ソ連や旧東ドイツの崩壊の影響からか、ドーピング違反の検挙件数の低いことが特徴的です。また、メダルを獲得した国は、百七十二参加国・地域のうち、六十四ヵ国・地域

聖火消えて…
現金フィーバー

バルセロナ五輪の聖火が消えて十日余りたつが、優勝者を出した国々では、金メダル・フィーバーが続いている。報奨金や贈り物ラッシュ。わが国でも、日本オリンピック委員会がことしから報奨金制度を設け、水泳の岩崎恭子選手ら三人の金メダリストに三百万円を贈ったが、海外のニンジン作戦はもっとすごく、一夜で富豪になった少女も。金メダルの名誉のために全力を尽くすといわれた五輪精神は、商業主義のウズにのみこまれた。メダルが生んだ光と影、その狂騒ぶりを外電や海外各紙に見た。（編集委員・武田　文男）

バルセロナ五輪ほど、メダルが拡散した大会はかつてなかった。参加百七十二カ国・地域のうち、六十四カ国・地域が金、銀、銅メダルを持ち帰った。前回ソウル大会の五十二カ国・地域をしのぎ、「世界中、どこにもメダル」といったところ。今回の金メダルはこれまでのメッキとは違って、1個当たり約六十四万円もする本物だが、世界各地でメダルの重さ以上の価値を生んでいる。

$特典漬け

例えば地元スペイン。過去の通算4個を大幅に上回る13個の金メダルに国中がわき、スペイン五輪委から各優勝者に八百万㌰（約千百万円）。一万―三万㌦（約百二十五万―三百七十五万円）の西側諸国の中では最高額だ。さらに国際オリンピック委員会（IOC）のサマランチ会長が頭取をつとめるバルセロナの銀行が一億㌰（約一億三千七百万円）の年金をプレゼント。五十歳で一括して受け取るか、終身年金の形にするかは本人に任せる。

北京で二〇〇〇年夏季五輪開催を狙う中国も負けていない。国別獲得メダルで54個と最高の四位を占めたことから、政府高官は「五輪招致活動にはずみをつけた」と赤いじゅうたんを北京空港に敷いて歓迎、各金メダリストに八万元（約百九十万円）を贈った。ほかに香港のネクタイ・メーカーから十万元、清涼飲料会社からは四万元相当の純金製の記念品、健康食品会社からは五万元の現金、航空会社から生涯有効の航空券、さらに各企業からテレビ、宝石……。

あれやこれやで、女子水泳高飛び込みに優勝した十三歳の伏明霞選手は総額四十六万元（約千百万円）を手にした。労働者の平均月収が百六十元の中国では、まさに値千金の金メダルだ。

1億3000万円ペア凱旋
インドネシアに史上初の金メダルをもたらしたバドミントンのクスマ(右)、スサンティ両選手のジャカルタ市内の凱旋(がいせん)パレード。婚約中の金コンビは一億三千万円のごほうびを手にした　＝AP

時時刻刻

報奨金・年金・贈り物
13歳少女が富豪に

$祝砲で歓迎

インドネシアに史上初の金メダルをもたらしたバドミントン男子のクスマ、女子のスサンティ両選手は同国バドミントン協会と実業家グループから十億ルピア（約六千四百万円）ずつもらった。婚約中の金コンビには「うれしい結婚祝い。「バドミントン漬けの生活だから、とても使い切れない。将来のため貯金します」

男子マラソンの優勝者、韓国の黄永祚選手は韓国陸連、企業などから計五億五千万ウォン（約八千八百万円）のボーナス、さらに政府から毎月七十万ウォン（約十一万円）の終身年金。今後の活躍次第では増額されるが、このままでも五十年間受給すれば、四億ウォンに達する。財政難の旧ソ連合同チーム（EUN）が勝者に三千㌦（約三十八万円）出したという話が小さく映る。

五輪発祥の国ギリシャに史上初めて、二つの金メダルをもたらした陸上女子百㍍障害のパトリド、重量挙げのディマス両選手は英雄扱い。十一発の祝砲の中、四万五千人が埋めたアテネの五輪スタジアムに迎えられた。カラマンリス大統領から特別メダル、オナシス財団から一千万ドラクマ（約七百二十万円）、郷里からは報奨金。

だが、金メダルは思わぬ争いのタネにもなる。ディマス選手は隣国アルバニア出身のギリシャ人で、二年前にギリシャに移住したばかり。「自由のない土地から来て、ギリシャ民族の力を示した」という政府高官の賛辞にアルバニアはカンカン。「発言を取り消せ」と抗議した。五輪直前の移籍に、金メダルを盗まれたとの思いもあったようだ。

インドやメキシコ　不振国では政治問題化

$大臣は辞表

一方、メダルに縁の薄かった国は暗いムード。メダル・ゼロのインドでは、「スポーツ政策の貧困が原因」と国会論争になった。勉強に偏りすぎの学校教育を改め、スポーツを正課に取り入れるほか、スポーツ用具の輸入関税撤廃、各都スポーツ学校設立の際、免税措置をとる案を練り始めた。

スポーツ大臣やスポーツ界幹部の総退陣を、とマスコミが迫っているのは、ボクシングの銅メダル1個だけのフィリピン。期待の男子マラソンなどが振るわず、銀1個に終わったメキシコでは、スポーツ大臣が大統領に辞表を出す騒ぎに。不振の原因を追及する特別委員会が設置された。

金メダリストへの報奨金について報道する新聞記事
(1992年8月24日、朝日新聞)

に拡散した大会でもありました。

男子マラソンの金メダリスト、韓国の黄永祚選手は韓国陸連や企業などから五億五千万ウォン（約八千八百万円）のボーナス、政府から毎月七十万ウォン（約十一万円）の終身年金を得ました。お隣の中国では、メダリストたちの出迎えに北京空港に赤い絨毯を敷きつめ、各金メダリストに八万元（約百九十万円）を贈っています。それに加えて、香港の企業などから現金や純金製の記念品、テレビ、宝石、また航空会社から生涯有効の航空券が贈られています。労働者の平均月収が百六十元（三千八百円）の中国で、女子飛込みに優勝した十三歳の伏明霞選手は、金メダル一個で総額四十六万元（約一千百万円）を稼ぎ出しました。オリンピック開催の地元スペインでは、オリンピック委員会から各金メダリストに八百万ペセタ（約一千百万円）のボーナスと地元銀行から一億ペセタ（約一億三千七百万円）の年金が贈られています。インドネシアでも、バドミントンの金メダリストには協会と企業から十億ルピア（約六千四百万円）が贈られました[2]。

さてそれでは次に、オリンピックでメダルを獲得することによって得られる各国の報奨金をもっと具体的にみていきましょう。まずはアメリカ。アメリカオリンピック委員会は金メダリストに一律一万五千ドル（約百五十万円）を贈ります。それに加えて、各種目ごとの連盟からの報奨金がありま す。たとえば水泳連盟では、オリンピック金メダリストに五万ドル（五百万円）、オリンピック代表選手には毎月千二百ドル（十二万円）が支給されます。経済危機のロシアも、報奨金では決して負けてはいません。ロシアオリンピック委員会も金メダリストには五万ドル（五百万円）を与えます。

韓国陸連では、オリンピックのみならず世界選手権クラスのメダリストにも、金では二億ウォン（約二千六百三十万円）、銀一億ウォン、銅五千万ウォンが贈られます。また、それに加えて、先にも触れましたが、政府や大韓体育協会から生涯支給の年金が与えられます。イタリアスキー連盟は、一九九八年の長野冬季オリンピックの金メダリストに二億五千五百万リラ（約千六百五十万円）を贈っています。

日本ではどうでしょうか。ＪＯＣ（日本オリンピック委員会）では、一九九二年以降、金メダリストには三百万円、銀には二百万円、銅には百万円を贈ってきましたが、長野オリンピック以降、獲得したすべてのメダルに各報奨金を出すように変更しました。たとえば、スキージャンプで金二個、銀一個を獲得した船木和喜選手は総額八百万円の報奨金を得ました。これらの報奨金は非課税です。ちなみに、シドニー・オリンピックのメダル獲得者への報奨金の総額は、一億二千万円が計上されました。またこの他にも、ＪＯＣはオリンピックの強化指定選手を実績に応じてＡ、Ｂ、Ｈ（ＨはHOPEのＨ、若手有望選手をさす）にランク分けし、近年の不況で二十五％が削減されたものの、Ａ指定選手には月額十五万円、Ｂ指定には七万五千円、Ｃ指定には三万七千五百円の活動助成金が支給されています。そしてＡ、Ｂランクの強化指定選手には専任のコーチが配置され、そのコーチにも月額十五万円が支給されています。

二〇〇〇年四月現在、ＡＢＨの強化指定選手は、陸上競技で十三人、水泳で三十一人、サッカー十八人、スキー十七人など、全三十二競技で二百二十八人がいます。これらの助成金の原資は、スポーツ振興基金の運用益ですが、昨今の低金利のあおりを受けて、助成金の減額を余儀なくされましたが、このような背景がサッカーくじ導入の理由にもなっています。

また最近JOCは、月額の助成金に加えて、オリンピック出場権を獲得し、入賞の可能性がきわめて高い競技を援助するために、特別強化助成金を贈り始めています。一九九九年十一月には、ライオンズの松坂投手を擁して予選を勝ち抜いた野球とソフトボールの各団体にそれぞれ五百万円を贈りました。

日本でも諸外国と同様、このような報奨金以外にも、競技団体や選手の所属企業からのボーナスが出ます。アトランタ・オリンピックのケイリン銅メダリストになった十文字貴信プロは総額五千六百万円、ヨット銀の女子選手は総額二千八百万円を得ています。このようにみてくると、メダルそのものに金銭的価値はなくとも、メダルを獲得することはカネになるようです。

■「威」のパワーゲームから「富」のマネーゲームへ

カール・ルイスやベン・ジョンソンの活躍を片目にみながら、スポーツの世界にアマ選手とプロ選手が未だいると思っているのは日本人だけのようです。陸上では一九八二年以降、レースでの金銭の授受が認められています。また、一九九〇年のIOC総会以降、プロ選手の参加を容認したオリンピックはもちろん、テニス、柔道、野球、ラグビー、スケートなどの国際大会でも、今ではアマとプロの境界はありません。テニスを初め、陸上、水泳、柔道、卓球、フィギュアスケート（例、世界選手権の場合、金五万ドル、銀三万ドル、銅二万ドル）など、ほとんどのメジャースポーツの国際大会では、入賞者に賞金が出ます。一九九九年のロンドンマラソンで優勝したケニアのチェプチュンバ選手は、ボーナスとして十二万五千ドル（約千五百万円）を得ています[3)]。

実際、現在のトップ選手はこれらの賞金で生計を立てているビジネスマンといえるのかもしれません。バルセロナ・アトランタ両オリンピック、水泳五十メートルおよび百メートル自由形で金メダルを獲得した旧ソ連のポポフ選手は、旧体制の崩壊後、ステートアマ（国家養成選手）の制度の崩壊とともに、「スポーツ貴族」としてのさまざまな特権が得られなくなりました。そこで彼は、オーストラリアに活動の場を移し、大会の賞金で生計を立てるプロスイマーになっています。

このような旧東側諸国のステートアマの西側諸国への移住は枚挙にいとまがありません。皮肉なことに、スポーツの国際化は、決してその理念からではなく、トップ選手の「貧」から「富」への経済格差による移動によって可能となりました。

ところで、本当のトップ選手にとって、実際に莫大なカネを稼げるのは、今ここで述べた報奨金や賞金ではありません。アトランタ・オリンピックで体操女子団体で優勝したケリー・ストラグは、最後の跳馬で、左足首の負傷を隠して右足一本で見事に着地をきめ、一躍国民的ヒロインになりました。それまで地味な存在だった彼女は、大会中に推定五億円の広告契約を企業と結びました。

このように、メダルで付加価値をつけた後で得られる広告契約料こそが、大きなカネになるわけです。世界のトップ選手は間違いなく企業と個人スポンサー契約を交しています。たとえば日本の場合、テレビCMの出演料が一社当たり、年間五千万円から大物選手になると一億円といわれています。健康的で爽やかなスポーツの善なるイメージは、企業イメージのアップに貢献するだけではなく、実際に売り上げ増にもつながります。したがって、企業にとっては高額なギャラもそう高くはないというわけです。

長野オリンピックで大活躍したスキージャンプの船木選手は、セイコーエプソン社と個人スポンサー契約を結び、年間契約料一千万円を得ています。もっとも、一九九八年元日のスキーW杯での彼の優勝による広告効果は、全国紙とスポーツ紙十一紙を合わせて一億五千万円といわれていますから、企業にとっては安い買物なのかもしれません。

陸上棒高跳びの世界記録保持者ブブカ（ウクライナ）は、三十五回の世界記録を更新し、世界選手権では五連覇という偉業を成し遂げています。ところが、バルセロナ・オリンピックでは記録なし、またアトランタ・オリンピックでも足の故障で一度も跳ばずに棄権しました。賞金の出ない五輪では、跳んでもカネにならないということでしょうか。彼の場合、多くの企業と契約を結び、世界記録に対しては二百万円のボーナス、出場料と込みで一千万円が得られるといわれていますから、彼が一センチきざみでしか記録を更新しないというのもうなずけるような気がします。

たとえドーピングをしてでも、あるいはまた多少の副作用に苦しんででも、一度世界の王者に君臨すれば、莫大な収入が得られます。そしてその知名度はひとつの財産になり、多くの利子を生んでいくことにもなります。このように考えれば、ドーピングも猛烈営業マンが自分の不健康を承知のうえで睡眠時間を削り、栄養ドリンクを飲みながら、必死で営業成績を上げようとしているのと同じなのかもしれません。だって、スポーツ選手も営業マンもだれよりも好成績を上げて、多くの収入を得たいでしょうし、何よりも自分の生活がかかっているわけですから。

社会経済学者の公文俊平は、近代史を国家間による「威のゲーム」、企業間の「富のゲーム」、個人やグループ間の「智のゲーム」に分類しています4)。この考えに従えば、ここでみた現代スポーツは、一九八〇年代後半の冷戦構造の終結とともに、東側社会主義諸国のステートアマと西側資本主義諸国の企業アマによる国家体制の威信をかけた「威」のパワー（権力）ゲームから、あくなきカネの追求へと駆り立てる「富」のマネーゲームへと変わったようです。このような意味では、オリンピックや世界規模の大会も、従来の「威」を競う「闘技場」から、マネーゲームの「カジノ」へと変質したともいえそうです。

不思議なことに、スポーツが「威のゲーム」と結びつくことを嫌う人が、「マネーゲーム」に変質しつつあるスポーツの現状に寛大なのはどうしてでしょう。

さて、今度は読者のみなさんへの質問です。「あなたは莫大なカネが稼げるなら、多少の健康を犠牲にしてでも薬を飲みますか？」

（友添秀則）

［注］

1) 朝日新聞　一九八九年八月十九日付。

2) 朝日新聞 一九九二年八月二十四日付。
3) 朝日新聞 一九九九年四月二十二日付。
4) 公文俊平、『情報文明論』、NTT出版、一九九四年。

2・勝利は人命よりも尊いか―ドーピングの現実―

■二葉の写真

今、私の手元に一人の男を写した二葉の写真があります。一葉は、飢えた狼が獲物をねらっているかのような鋭い眼光。一分の無駄もなく鍛え上げられた鋼鉄のような肉体。まるで殺人鬼のような風貌をしています。そして別の一葉は、以前とは異なり丸顔になった柔和な笑顔。その写真からは、かつての獲物を射るような鋭い眼光はすっかり消えています。これら二葉を比べてみると、まるで別人が写っているかのようです。

そう、この二葉は、ベン・ジョンソンが一九八八年のソウル・オリンピックのドーピング違反で摘発される直前のものと、その後のアンチ・ドーピング・キャンペーンに取り組んでいる時のものです。まるでケモノとヒト。わずか二年も経たない間に、人間の風貌がこのようにも変わります。そして、風貌のみならず、人格までも変えてしまうもの、それが薬です。

ソウル・オリンピックでドーピング違反となったベン・ジョンソン。左は，約１年後のもの（共同通信社提供）

ここでは、ドーピングの現実について述べてみたいと思います。今の一流競技者の薬物などの使用実態は、あたかも勝利が人命よりも尊いといわんばかりのようです。でも、感情的にはともかく、ドーピングに倫理的検討を加えれば、ドーピングは決して「悪」とはいいきれません。

■だれもがやってる?!

数年前、私はゼミの学生と、一九九一年に東京で行われた陸上の世界選手権のビデオを観ていました。私のお目当ては、その大会の時にはすでにドイツになっていましたが、旧東ドイツのカトリン・クラッベでした。百八十二センチの長身。ブロンズの髪と目が覚めるような美貌。私は彼女の疾走にまるでジャンヌ・ダルクか自由の女神が、永遠の愛に向かって駈

ドーピング違反で選手生命を絶たれたカトリン・クラッベ（フォート・キシモト提供）

けていく様をみていました。と書けばカッコいいのですが、クラッベのような絶世の美女が懸命に走る姿をみたかったというのが本音です。わくわくしながらのビデオ観戦でしたが、決勝レースを前にして私は、突然その場を立ち去ってしまいました。それは私には、ビデオに写る画面が正視できなかったからです。

決勝のスタートラインに並んだ選手たち。男性のように喉仏が発達した選手。美しさなどとはかけ離れた、女性とは思えない発達した太ももの大腿筋。画面にクローズアップされた選手の顔には、うっすらとヒゲのそりあとらしいもの。これらは、筋肉増強剤の一種、男性ホルモンの蛋白同化ステロイドによるものです。残念ながらこの時、百、二百メートルで優勝したクラッベも、その後の薬物使用疑惑や抜き打ち尿検査で蛋白同化薬であるクレンブテロールが検出され、選手生命が断たれました。

その後、このような同様の不快な思いを、広島アジア大会での中国女子水泳選手にも感じました。水着姿の盛りあがった両肩の僧帽筋、それは貴乃花のそれにも優るとも劣らないものだと感じられました。

この時はドーピングの抜き打ち検査で、彼女たちが筋肉増強剤の一種であるテストステロンやテストステロンの効果を維持しながら、その使用痕跡を打ち消すジヒドロテストステロン（DHT）も使っていることが明らかになりました。DHTは一日で体外に排出されるといわれています。

生理学的には、女性がどのようにまともにトレーニングを積んでもあのような筋肉は発達しません。例外はあっても、女性は一流競技者である間は薬物投与で「生理」も止め、全身の筋肉の強化に努めているといいます。また、男性競技者も同様に、筋肉という鎧を全身にまとい、お金という獲物をねらったケモノになっているようです。

一九八〇年、十五歳でモスクワ・オリンピックの女子背泳金メダリストになった旧東ドイツのリカ・ライニッシュは、コーチから与えられるままに筋肉増強剤を服用し、引退後、副作用による卵巣異常で手術を受け、腹部に多くの手術痕があることを告白しました。彼女の告白によれば、旧東ドイツ選手の三百人以上がドーピングをしていたともいいます。同様に、モスクワ・オリンピックの女子百、二百メートル自由形金メダリスト、旧東ドイツのバーバラ・クラウゼはドーピングの副作用とみられる先天性の奇形児二人を産んでいたと話題になりました。

図1は、一九九四年度から過去三ヵ年の主要競技別ドーピング検査の陽性率[1]です。当然、あらゆるドーピング隠し、いわゆるマスキングをしての数値です。

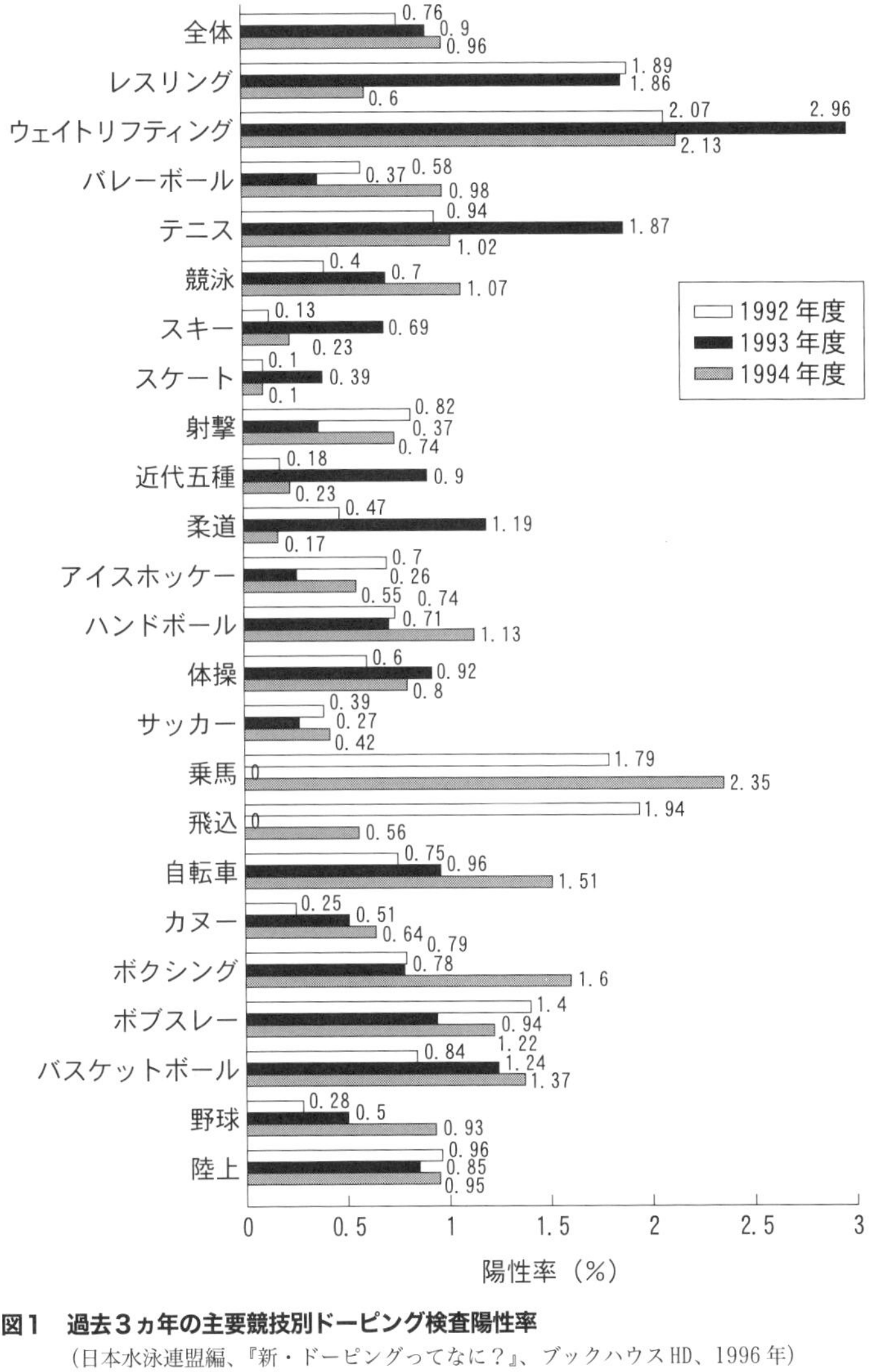

図1　過去3ヵ年の主要競技別ドーピング検査陽性率

(日本水泳連盟編、『新・ドーピングってなに？』、ブックハウスHD、1996 年)

一九九二年のバルセロナで開催されたパラリンピックでも、砲丸投げの銀メダリスト（ハンガリー）から筋肉増強剤のアナボリックステロイドが検出されました[2]。また、ソウル・オリンピックでは、参加した九千人の選手のうち、検査した人の少なくとも半数が筋肉増強剤を使用していたと報じられました[3]。今やドーピングは、特殊な種目の、特殊な人たちだけがやるものとは決していえないものになっています。

■勝利は人命よりも貴い？

いうまでもありませんが、スポーツ選手が競技成績を上げるために、薬物などを用いて競技能力を不正に高めることがドーピングです。薬物使用は十九世紀後半以降からみられますが、本格化するのは第二次世界大戦後からになります。当初はコカイン、カフェイン、エフェドリン、アンフェタミンなどの興奮剤やヘロイン、モルヒネといった麻薬系薬物が主流でしたが、現在では直接競技能力を高める筋肉増強剤の蛋白同化ステロイドがその主座を占めています。

ＩＯＣは頻発するドーピングに対して、一九七一年から禁止薬物リストを定め、取り締まりにやっきになってきました。禁止薬物は一九七二年のミュンヘン大会では二十七品目、一九八〇年のモスクワ大会五十九品目、一九八四年のロサンゼルス大会六十九品目、一九九二年のバルセロナ大会では百品目をはるかに超えています。一九九四年からは、増加しつづける個々の薬品名の記載をやめ、薬物の薬効による禁止リストに改めました。

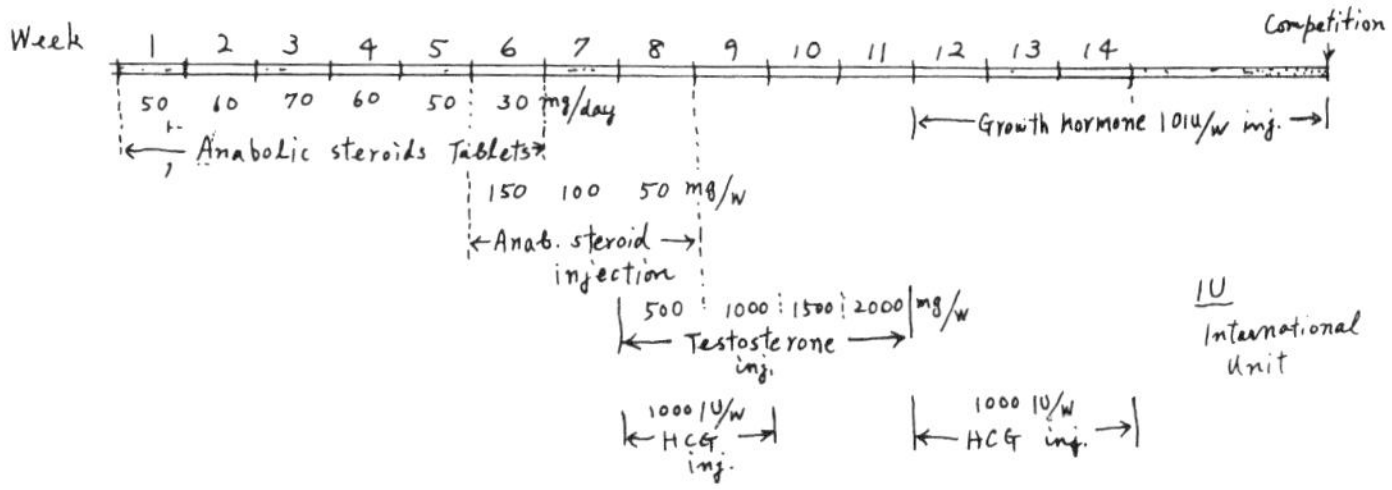

図2　ドーピング方法の一例

(岡田晃・黒田善雄編、『ドーピングの現状・現実を語る』、ブックハウスHD、1990年)

図2[4]は、ドーピング方法の一例です。うまくドーピング検査をすりぬけるために、試合の十五週間前からどのように薬物を用いればよいかを示したものです。最初はアナボリックステロイドを服用し、八週目からは注射でテストステロンに切り替え、最後は現時点では検出不可能な成長ホルモンで仕上げるというものです。

けがの痛みを忘れ、試合の不安や不眠症を避けるために麻薬や睡眠薬を服用し、興奮剤で闘争心をあおる。同時に、筋肉増強剤やβ2作用薬で筋肉をつくり、減量やドーピング隠しのために利尿剤を用いるという一流競技者の姿が浮かび上がってきます。

これらの薬物ドーピングの他に、検査のがれのために、他人の尿を自分の膀胱に注入する尿ドーピングがあります。また、新たに血液ドーピングも加わりました。血液ドーピングでは、試合に備えて全血液量の約五分の一の自己血液をマイナス八十度で約六週間冷凍保存し、同時に苛酷なトレーニングを積んで、再度自己の体内に戻します。そうすれば急激に増加した赤血球（ヘモグロビン）で呼吸循環機能が飛躍的に向上し競技能力が高まります。

また、旧東側諸国では、妊娠初期に蛋白同化ホルモンの急激な分泌で母体が筋力向上に最適であることに着目し、女性選手に人工妊娠させ、中絶させるという中絶ドーピングも行われました。最近ではクレアチンやエリスロポエチンの投与による新手の薬物ドーピングも登場しました。残念ながらこれらには未だ検出方法が確立されていません。

薬物ドーピング、特に筋肉増強剤の副作用は肝臓障害、高血圧、動脈硬化などの重大なものが多く、死と隣り合わせのものが多い。また、筋肉増強剤の常用は、攻撃性や敵対心を増大させ人格を変容させます。

このようなドーピングの現状を時代劇にたとえるなら、「神をも恐れぬこの所業」といったところです。近代スポーツの行き着いた先の現代スポーツでは、ニーチェではありませんが、神はもうとっくに死んだのかもしれません。そして、どう好意的にみても「勝利は人命よりも貴い」といわなければならない状況がたしかに存在しています。

「現実を直視して、そして笑うことだ」とは高邁な人道主義者だったロマン・ロランの言葉ですが、このようなドーピングの現実を直視すれば、決して「笑うこと」などできないのが、今のトップスポーツの現実です。

（友添秀則）

【注】
1) 日本水泳連盟編、「新・ドーピングってなに?」、ブックハウス・エイチディ、一九九六年。
2) 朝日新聞　一九九二年九月八日付。
3) 毎日新聞　一九八八年十一月十八日付。
4) 岡田晃・黒田善雄編、『ドーピングの現状・現実を語る』、ブックハウス・エイチディ、一九九〇年。

3・ベン・ジョンソン事件を解剖する—陰謀か、計画か—

■ベン・ジョンソン事件とは

一九八八年のソウル・オリンピックの目玉競技は、何といっても、世界で最も速い男を決める陸上競技男子百メートルでした。カナダのベン・ジョンソンとアメリカのカール・ルイスのどちらが速いかに世界中の目が集まりました。結果は、ベン・ジョンソンが九秒七九の世界新記録を出し、彼が勝者になったかにみえました。しかし、彼は、レース後の薬物ドーピング検査によって失格となり、金メダルも世界新記録も取り消されました。この事件の真相究明は、彼がカナダに帰国後、すぐに調査委員会が設置され、一年間にわたってつづけられました。

ここでは、この調査委員会の報告書（デュビン・レポート）を手掛りに、ベン・ジョンソン事件を解剖し、何が現在求められるべきかを考えてみます。

■ベン・ジョンソンは本当に薬物を使ったのか

ベン・ジョンソンは、事件が発覚した後も、「私は薬物ドーピングをしていない。無罪だ」といいつづけていました。しかし、あるインタビューで、「コーチや医師から多くの薬をもらって飲んでいたが、中身は知らない」とうっかり答えてしまいました。実は、このうっかり発言が彼の命取りになりました。ベン・ジョンソンと同じオリンピック代表選手だったカナダ女子短距離界のエース、イサジェンコ選手は彼の発言に失望しました。イサジェンコ選手は、禁止薬物を使用しながらも、ひたむきにトレーニングに取り組むベン・ジョンソンに好意をもっていました。しかし、ベン・ジョンソンが自分でも承知のうえで薬物ドーピングを行っていながら、コーチや医師の責任にするような「卑怯な発言」を聞いて、調査委員会のなかでベン・ジョンソンの薬物使用を証言してしまいます。彼女自身も薬物ドーピングを行っており、彼女は自分とベン・ジョンソンが行った薬物ドーピングの処方記録の日記を証拠資料として調査委員会に提出しました。

また、ベン・ジョンソンにはアスタファンという専属医師がいました。この医師は、ベン・ジョンソンが裏切る、つまり自分のせいにするかもしれないと思い、ベン・ジョンソンと薬物ドーピングの打ち合わせをしているときの電話の会話をテープに録音していました。お互いに信頼関係がありませんでした。この時の録音テープも調査委員会に証拠として提出されました。

さらに、コーチのフランシスもベン・ジョンソン事件に関与していました。フランシスコーチ自身も一九七〇年代に陸上競技選手として活躍し、多くの陸上競技選手が薬物ドーピングをしている現場に出会い、自分も薬物を使うようになりました。フランシスコーチは、「薬物を使わなければ一流選手になれないし、周りのだれもが薬物を使っている」と調査委員会の場で発言し、ベン・ジョンソンにも薬物ドーピングを勧めたことを認めました。さらに、ベン・ジョンソンは判断力のある大人であり、薬物についての十分な情報を与えたうえで彼自身が処方に同意した（インフォームド・コンセント）のだから、責任はベン・ジョンソン本人にあると証言しました。

他にも、ベン・ジョンソン自身が薬物の副作用に気づいていたという医師の証言まで現れました。ベン・ジョンソンが左胸部に痛みを覚え、かかりつけの医師のところに診察を受けにきたのです（診断は、男性ホルモン使用による、男性の乳房異常発育という女性化の症状）。一回や二回の男性ホルモン投与であれば、人間にはホメオスタシスという恒常性の原理が働いて、体内の男性ホルモン分泌機能にはほとんど影響しません。しかし、継続的に男性ホルモンを使うと、自らのホルモン分泌機能が低下し、女性化の症状が現れるのです。ですから、ベン・ジョンソン自身が薬物ドーピングに気づいていたことは明らかです。

イサジェンコ選手、アスタファン医師、フランシスコーチ、かかりつけの医師らの証言から、ベン・ジョンソンの薬物ドーピングの事実が明らかにされました。この事例から、薬物ドーピングは、選手自身だけで処方する場合もあるでしょうが、多くの場合、コーチや医師も関与した組織ぐるみであることがわかります。

■なぜソウル・オリンピックで薬物ドーピングが発覚したのか

デュビン・レポートによると、ベン・ジョンソンは一九八一年の秋から薬物を使用していました。そして、ソウル・オリンピックまで合計二十回の薬物検査を受けていました。十九回目までは検査にパスして失格になりませんでしたが、ソウル・オリンピックではみつかってしまいました。コーチや医師の証言から、レース終了後の検査までに薬物を体内から排出する計算は緻密に行われていたとのことですが、なぜソウル・オリンピックではみつかってしまったのでしょうか。

その原因は二つありました。ひとつは薬物を体外に出す排出計算のミスでした。ベン・ジョンソンは一九八八年の二月に肉離れを起こし、同じ年の五月にも再び肉離れを起こしました。ソウル・オリンピックを一ヶ月後にひかえた八月は、調整のためにヨーロッパ各地を転戦していました。しかし、けがの回復がおもわしくなく、八月二十二日のレースをキャンセルし、カナダに帰国して薬物ドーピング処方を決行しました。八月二十四日、フランシスコーチから、エストラゴル（ウィンストールV）という家畜用の筋肉増強剤とイノシン、さらに八月二十五日と二十八日、アスタファン医師からもエストラゴルの注射を受けます。その時に薬物の排出をよくするために利尿剤が渡され、さらに別の医師のところで医療機器による排出促進も行われました。予定では、二十八日間でベン・ジョンソンの身体から薬物が排出されるはずでした（排出まで二十八日間）。九月二十四日に百メートル決勝が行われたので、薬物摂取日と排出期間の二十八日間とを足せば、検出されるか否かはわかります。八月二十四日と二十五日の両日は、二十八日間の排出期間をクリアしていますが、八月二十八日の摂取はクリアしていません。しかも、ソウルとトロントでは時差が十五時間あります。この時差の計算ミスも薬物が検出された原因だと推定されます。

また、主たる原因ではありませんが、ベン・ジョンソンらはもうひとつのミスも犯しています。実は、アスタファン医師は、決勝レース前に、薬物ドーピングを隠すための飲み物を用意しました。アスタファン医師は、その飲み物をベン・ジョンソンに直接渡したのではなく、同僚のウイリアム選手に渡しました。しかし、一流競技選手の常識として、禁止薬物が混入しているかわからないので、不明な飲み物や食べ物は口にしません。ベン・ジョンソンには、なぜレース後にそれを飲むのかの指示が医師から直接に伝わっていなかったため、飲みませんでした。薬物ドーピングを隠すための飲み物ですから、仮にその飲み物を飲んでいれば陰性となったかもしれません。そうすると歴史は変わり、ベン・ジョンソンの名は、金メダリストと世界新記録保持者として、長く後世に残されたのです[1]。しかし、目論見がはずれ、検査によって薬物ドーピングの事実が明らかにされました。やっぱり悪いことはできません。

■ベン・ジョンソン事件は教訓となったのか

ベン・ジョンソン、フランシスコーチ、アスタファン医師らにとって、スポーツは楽しむための活動ではなく、それはビジネスであり、多くの人びとを支える生活の糧となるものでした。彼らは、オリンピックの晴れ舞台を前にして、肉離れの回復を自然治癒力に任せるのではなく、ルールに反しても、筋肉を回復させるために薬物を使いました。

ベン・ジョンソン事件以降、それを教訓として薬物ドーピングの検査方法や罰則が強化されました。特に検査方法に関して、ここで参照したデュビン調査委員長の勧告に従い、大会中だけではなく、大会以外の時期にも無作為に検査が行われるようになりました。いわゆる、抜き打ち（Out of Competition）検査です。この抜き打ち検査も薬物ドーピング選手をみつけるには必要なことかもしれませんが、私には、スポーツ界が積極的に薬物ドーピング犯の取り締まりを行っているようにみえます。「違反さえしていなければ、堂々と検査を受けろ」というのは、選手の人格を侵害しています。たとえば、メチルテストステロンという筋肉増強剤で出場停止処分を受けた日本選手の場合、選手復帰を保障するためと称して、陸上競技連盟に登録が抹消されていながら複数回の抜き打ち検査が実施されました。未登録選手に対して、競技団体の権限で検査ができるのかは疑問です。もともと選手は弱い立場にいますから、検査を拒否することはできません。検査拒否は薬物ドーピングをしていると判断されます。

ベン・ジョンソン事件以後、薬物検査が厳しくなったとはいえ[2]、スポーツを生活の糧にしている選手、コーチ、医師らのなかには、科学技術の力を駆使し、検出不可能な方法を模索しています。俗にいう「いたちごっこ」は、禁止薬物の検出が前提になっていますが、検出できない方法が使われたら[3]、どのような事態になるのでしょうか。スポーツの近未来には起こりうる状況です。明らかに現状の検査強化や罰則強化には限界があります。

この薬物ドーピングの問題は、スポーツ科学の落とし子です。今後、ますます発展する科学技術に対応できる新たなスポーツ倫理観の確立が必要なのではないでしょうか。

（近藤良享）

【注】

1）ベン・ジョンソンの九秒七九は、公認世界記録としては認められていないが、これと同じ記録を一九九九年六月にアメリカのM・グリーン選手が出した。ベン・ジョンソン選手の幻の記録から十一年が経過して、同タイムの記録に到達した。

2）薬物検査強化とともに、アンチ・ドーピング運動も本格化してきた。一九九九年二月の「ローザンヌ宣言」を受けて、同年十一月に世界アンチ・ドーピング機構（The World Anti-Doping Agency）が設立された。わが国においても、一九九九年三月神戸、二〇〇〇年三月大阪で、アンチ・ドーピング国際会議が開催され、さらに日本アンチ・ドーピング機構の設立も進められている。

3）現時点の検査方法で、たとえば、ヒト成長ホルモンやエリスロポエチンは検出できない。

4・ドーピングを倫理する―ドーピングは悪か―

■選手の勝手でしょ！

「カラスなぜ鳴くの♪〜　カラスの勝手でしょ♪〜」、こんなフレーズが子どもたちを中心に昔大流行したことがありました。私はこれを聞いて、現代っ子のわがままさと利己主義を感じとりながらも、一理ある論理の明快さに妙に納得したことを覚えています。この歌のフレーズになぞっていえば、「ドーピングなぜするの♪〜　選手の勝手でしょ♪〜」ということになりますが、まさに薬物等ドーピング禁止に対する反対論の根拠も、単純にいえばここにあります。

私たちが住む社会は、他人に危害を加えない限り、成人した大人の「自己決定権」を最大限尊重する社会です。そうです、密室でポルノを見る権利も、あるいはまた、自分の不健康を承知のうえでタバコを喫う権利も、他人に迷惑や危害を及ぼさない限り、堂々とその権利を主張し行使できるのです。同様に、成人の判断力のある選手が薬の副作用を十分に承知したうえで、ドーピングを行うことも選手の「自己決定権」の行使として尊重されねばならない、という見解に立つのがこの主張の根拠でもあります。だって、ドーピングをしてもだれに危害や直接的な迷惑もかけていないのですから、ドーピングをする、しない、は個人の自己決定に委ねられるべきとなるわけです。

■だれもがエゴイスト？

ドーピングを「悪」と感情的に切り捨て、ドーピング選手を極悪人と決めつけてしまう前に、冷静に考えてみなければならないことがあります。というのも、ドーピングという行為をどのような視点から客観的に検討するのかを明確にするためです。そのためには、前述した自己決定権を何よりも尊重すべきとする今の社会が、いったいどんな原則や倫理を優先し採用しているのかということを知ることが必要です。

中世のように、絶対的な神様がいて、ドーピングは「悪」といってくれれば話は簡単です。でも、私たちの公的な社会生活の場面では、基本的に神が登場することはありませんし、「神のお告げ」なんていったら笑われるだけですよね。

このように、現代社会は脱宗教的な世俗性が大きな特徴です。そして法律に違反さえしなければ、自分の腕と才覚次第でいくらでも金儲けができるし、自由に物の売り買いができる市場経済が背景にあります。また世俗性、市場経済に加え、子どものころから何でも多数決で決めてきたように多数決原理がすべてのことがらの決定原理として横たわっています。

絶対的な「神のお告げ」ではなく、より多くの人間の最大幸福が実現できる行為が正しくて（功利主義）、法律の範囲内で自分の能力に応じて自由に競争しながら金儲けができる（自由主義）。そして最終的な決定原理は多数決（民主主義）による社会、そんな社会に、好き嫌いは別にして私たちは生きています。

このような功利主義や自由主義、あるいは民主主義という原則や原理を採用した私たちの社会は、もうおわかりのように、個人のエゴイズムを否定し抑制するのではなく、各自の最大の幸福が達成できるように、エゴイズムにちょっとだけ制限を加える社会とでもいえます。

さて、エゴイストを最大限容認しようとする現代社会のこのような原則、これをむずかしくいえば「功利主義的自由主義」というのですが、この功利主義的自由主義は、日本社会のみならず、近代以降の欧米を初めとした国々の法律や倫理の基盤になっています。そういう意味では、これはいちおう世界共通の「社会倫理」、ないしは近代以降の私たちの考えを支配してきた「近代論理」とでもいえるものです。

そして、このような社会倫理を基盤とした「自己決定権」を、功利主義の生みの親であるジョン・スチュワート・ミルの「自由論」1)の考えを借りていえば、(1)判断力のある大人なら、(2)自分の生命・身体・財産など自分のものに関して、(3)他人に危害を及ぼさない限り、(4)たとえその決定が当人にとって不利益なことでも、(5)自己決定の権限をもつ2)ということになります。

ミルの功利主義は最大多数の最大幸福のためには、少数者を排除しても正当とされたり、平等な資源の配分を保証しないという大きな欠陥がありますが、個人のエゴイズムを最大限認めてくれる点で大きな魅力があります。だから、自分が愚かな行為と知りつつも、自分さえ納得し、他人に迷惑や危害を加えなければ、その行為を行ってもよい（愚行権の容認）ということになりますし、だれもがエゴイストであることを認め、所詮、人間とはそんなものと考えるところから現代社会の倫理はつくられています。マルクス主義やマルクス主義倫理が崩壊の危機に瀕している今、大きな欠点を持った功利主義的倫理に頼らざるを得ないという問題はあっても、この倫理を中心に世のなかは動いています。それでは、このような倫理的視点を頭に刻んで、ドーピングを検討してみましょう。

■ドーピングは許される

「ドーピングは悪」というドーピング反対論には、大きな三つの主張があります。そのひとつは選手の健康を害するのでダメという医学的理由。二つめは、試合の公平さを破壊する不正行為であるからという理由。三つめは薬の濫用を前提としたドーピングの容認が、特に青少年にとっての社会悪の温床になるというものです。

さて、前述した倫理的視点に立って、これらのドーピング反対論を検討することにします。

まずは「医学的理由」から。結論を先取りしていえば、この医学的理由からのドーピング禁止はどうも分が悪いということです。前述の説明で、もうおわかりのように、判断力のある成人した選手が、副作用の結果を十分に承知したうえでドーピングという個人的選択をしたとしても、他人に危害を加える行為でない以上、薬物摂取という選択に関わる個人の自己決定の自由は保障されるべきということになります。というのも、その個人、この場合選手ですが、選手自身の利害に影響を及ぼす自発的な選択、つまりドーピングという選択に対して、他のだれも、もちろん国家もですが、単に選手自身のためだからという理由だけでは、この場合、健康という理由からですが、干渉する権利を持てないと考えるからです。

ところで、親が子どものためだからという理由で、いろいろ干渉をしますよね。この干渉をパターナリズム（「保護主義」あるいは「父権主義」）といいますが、成人した大人であれば、他者に危害を加えないという一定の条件下であれば、だれもその行為に干渉できないというのが私たちの社会の鉄則です。ここには、パターナリズムを認めれば、干渉される人の自由と自立が不当に無視され、善意を装った不当な権力の行使が氾濫することになり、それを防止すべきだという考えがあります。自由と自立は社会を支える基本的前提ですし、道徳的な議論を行うための基盤ですから、パターナリズムは支持されないということになります。ただしこの立場でも、未成年の選手の場合や強制されてのドーピングは禁止すべきとなりますが。

さて、次の「不正行為」という理由の検討に移りましょう。この理由が正当とされるためには、たとえ薬物が有害でなくても、スポーツの公平さを破壊するからダメということになります。ドーピングがなぜ不正なのか。「ドーピング禁止という規定があるから、ドーピングはルール違反となる」という理由では答えになりません。というのも、この場合、まずルール違反か否かが問われるよりも、規定それ自体が薬物の使用を認めるように変更されるべきか否かが問われなければなりません。つまり、「不正」を明らかにするためには、だれもが薬を使えると仮定してもなお不正になること、薬の利用による有利さが不当であることを証明しなければなりません。

ドーピングが不正であるとするドーピング禁止論への反論があります。それによれば、ドーピングは一種のハイテク技術を用いた用具のひとつか、あるいは新しいトレーニング法のひとつであって、従来、たとえばグラスファイバー製の棒高跳びのポールなどの新しい用具や高地トレーニングのような新しいトレーニング法によって競技力が向上しても、それらを認めてきたではないか、同様にドーピングも認められるべきではないかというものです。あるいは、薬の利用が競技の公平さや平等を破壊するといっても、現実に選手を取り巻く環境には、コーチの有無、使用できる施設設備条件、労働条件などの大きな不平等が存在しており、これらの不平等を容認して、ドーピングによる不平等だけを槍玉にあげるのは公平ではないという主張もあります。

当たり前のことですが、競技スポーツは試し合う課題が同じでなければ成立しません。この前提に立てば、ドーピングを禁止しないほうが禁止する場合よりも、より公平さを保障することになります。というのも、禁止する・禁止しない場合のいずれであっても、現実に薬を利用する者がいる以上、禁止する場合のほうが、ごく特定の少数の選手だけが秘密裡に行うため、いっそう不平等が拡大するからです。課題を同じにするためには、原則として全員が等しく選択できる可能性のある規定か、もしくはだれもが等しく選択できない規定かのどちらかでなくてはなりません。

公平であるということは、だれもが等しく規定に接近できるか、もしくは等しく制限されるということです。

禁止規定がある以上、その規定に背く行為は不正ですが、現実にはその禁止規定によってフェアな状況が設定されないのであれば、ドーピングする・しないは選手自身に委ねたほうがより公平になるというわけです。そしてこのような背景から、医師の厳格な管理の下での、薬の濫用ではなく、薬の使用を容認したほうがよいという「ドーピング解禁論」が登場してきます。どうも、「不正」という理由による禁止論も倫理的検討を加えれば、分が悪いですね。

この他にも、ドーピング禁止論に対しては、選手の人権擁護の観点からの反論もあります。過去に風邪薬、ゼンソクの治療薬やピルを用いて失格になった例がありますが、選手であるというだけで本来の治療方法が制限されたり、避妊方法が限定されるという問題もあります。また、検査官の立ち会いのもとでの尿採取は、プライバシーの侵害にも当たります。強制的な検査の義務づけは、明白な違反行為の証明がなければ当局は立ち入れないとする近代法を犯しているという疑いも考えられます。

■判断力のある大人だからこそ

このように考えてくると、ドーピング禁止論を正当化する決定的な理由は見当たりません。でも、薬の使用は、禁止規定を守っている選手を自己利益のために明らかに不当に利用していることになります。また、薬の解禁が社会悪の誘因となり、重大な事態を招くことが予想される時、判断力のある成人の社会的合意があれば、個人の自由を抑制できるのではないでしょうか。薬物禁止の規定が、人間交流の場を制限することではなく、その場を保護するために必要な時、私は禁止規定の決定を容認できると思います。

ただし、この決定が選手の自己決定権やプライバシーの侵害の可能性があることを十分に知ったうえで、それが次善の策であるという認識が何よりも必要ですが。そしてこのような認識の下でなされる薬物禁止の決定が、民主的価値と一致し、理性的な人たちのほとんどの賛成を得られるなら、この決定を正当とする根拠は十分にあると考えます。だって、私たちは薬漬けの人工化されたサイボーグの試合なんて決して望んでいないのですから。

ここでは、エゴイストを最大限容認しようとする「功利主義的自由主義」という現代社会の原則に立って、ドーピングを検討してみました。その結果、感情論はともかく、残念ながら、どうも「ドーピングは悪」とはいいきれませんでした。でも、「自分の所有する土地だから、何をしても勝手」とばかりに自由に産業廃棄物を捨てたり、あるいはまた「自分の所有する身体だから、何をするのも自分の勝手」とばかりに、身体の加工や自殺までも容認してきた[3)]、この現代社会の原則(近代論理)も、「今」という時代のなかでは、大きな曲がり角にきていることをよく知っておかなければなりません。

(友添秀則)

【注】

1)ジョン・スチュワート・ミル、塩尻公明・木村健康訳、『自由論』、岩波書店、一九七一年。

「人類の改良者」を生涯の目標としていたミルは、まだ議会制度が未熟な十九世紀前半のイギリス社会から封建制を取り除くために、徹底した個人的自由を主張して『自由論』を書いた。彼はその序文で、『自由論』が亡き愛妻との共著であるといっているが、彼が徹底した自由の信奉者であったことはよく知られてはいても、生涯フェミニストであったことはあまり知られていない。

日本での『自由論』の訳出は、当初、日中戦争勃発の翌年（一九三八年）に河合栄次郎が着手したが、戦時下での自由思想の弾圧による河合の起訴と死去のため、戦後、塩尻が引き継ぎ、また塩尻の死去に伴って最終的に木村によって完成された。河合の翻訳への着手から実に三十三年目に日の目をみた『自由論』は、文字通り日本の戦中戦後の自由への多難な道程を代弁しているかのようである。

2)加藤尚武、『倫理学の基礎』、日本放送出版協会、一九九三年。

3)自殺は間違いなく殺人である。しかし近代法では、自殺未遂や自殺は、ミルの原則に則って刑法の対象にはならず、犯罪には該当しない。このような「身体」を「自己所有」とし「モノ化」する身体観は、ドーピングにみられる身体加工を容認せざるを得ないが、このような身体観の基底となっている欠陥だらけの功利主義的自由主義は明らかに修正が加えられなければならない点が多くある。またこのような身体観を乗り超える新たな「身体の倫理学」が、早急に模索されなければならないとも思われる。

第3章

個人と自律の倫理学

1・辰吉丈一郎選手の問題を考える
——自分のことは自分で決められるか——

■辰吉選手問題とは

浪速のジョーこと、プロボクサー辰吉丈一郎選手は、一九九三年九月に世界バンタム級のチャンピオンになったのですが、網膜剥離という障害を負い、手術を受けました。プロボクシング選手は、日本ボクシングコミッション(以下、ＪＢＣ)に登録しなければ、試合に出られません。後述するように、最近までにルールの改定は行われましたが、一九九三年当時のＪＢＣの安全規則では、網膜剥離と脳内出血が認められると、引退勧告をすることになっていました。「引退勧告」ならば、それに従わなくてもよいような気がしますが、実際は選手としてのライセンスが発行されないので引退宣告と同じです。それまでＪＢＣは、選手の健康を第一に考えて引退させていたのですが、辰吉選手は引退を拒否して選手生活をつづけました。その間、ルール改定によって、一九九七年十一月には再び世界チャンピオンになり、一九九八年の夏には防衛にも成功しました。しかし、翌年十二月の三度目の防衛戦では、タイのウィラポン選手に敗れ、一九九九年八月のリターンマッチに負けてしまいました。

元世界バンタム級チャンピオン・辰吉丈一郎選手（毎日新聞社提供）

ルールが改定される前の辰吉選手の問題は、選手の健康を第一にして、選手自身が選手継続を希望しても、ルールによって継続を禁止すべきか、それとも選手自身が継続を決めるべきかが問われました。どちらの考え方が望ましいのでしょうか。

■辰吉選手とＪＢＣとの対決

辰吉選手は、網膜剥離の手術後、二人の医師から「選手をつづけても大丈夫」と太鼓判をおされました。彼にとってボクシングは、「生活の糧というより生きがい」そのものでした。できれば選手をつづけたいと考えていましたから、渡りに船ではありませんが、医師からのお墨付きをもらって「引退なんぞせん」と、ＪＢＣの安全規則に抵抗する構えをとりました。しかし、ＪＢＣは引退勧告の安全規則を絶対に変えない立場をとりました。ＪＢＣからすれば、「あんたのため」なのでしょうし、辰吉選手からすれば、「いらぬお世話」なのです。

ＪＢＣが選手継続のライセンスを発行しなかったので、結局、彼はアメリカで選手生活をつづけることにしました。アメリカのいくつかの州では、指定の専門医の許可があれば選手がつづけられるという規則があります。彼は、一九九四年七月にハワイで再起戦を行って、ＷＢＣ世界バンタム級暫定王者となりました。その結果、今はタレントになっている薬師寺保栄選手との日本人同士の王座決定戦となったので、ＪＢＣは辰吉選手だけの特別ルールをつくります。

おかしな話ですが、金儲けのためにはやむを得なかったのです。その時のファイトマネーは、日本ボクシング史上最高額の三億二千四百万円でした。その条件は、(1)このルールは辰吉選手のみ適用、(2)網膜剥離が再発した場合あるいは負けた場合は引退する、(3)誓約書を提出する、ことでした。

試合の結果は辰吉選手の判定負け。誓約書まで出したのですから、今度は引退するかと思ったのですが、辰吉選手はまたまた海外で選手生活を継続します。一九九五年には二度外国選手と対戦して勝ちをおさめたので、ＪＢＣは前回の辰吉選手のみだった特例を、次のような条件に変更しました。

(1)手術担当医の他、二名の眼科医の許可がある、(2)試合前後に精密検査を実施する、(3)本人、関係者の意思を確認する、(4)世界タイトル防衛者もしくはその挑戦者となること。この条件によって、冒頭に述べたように、辰吉選手は一九九七年十一月に再び世界チャンピオンになることができました。

強引な形でしたが、結果からみると、辰吉選手とＪＢＣとの対決は、辰吉選手に軍配があがりました。薬師寺選手との対戦で負けたら引退という誓約書まで出したのですから、普通ならばその時に引退していたはずです。

これは、約束破りというインモラルによって、ルールを変更させていった特異な事例であることは間違いありません。辰吉選手が稀にみる才能の持ち主で、興行的にも価値ある選手だったからでしょう。しかし、彼を英雄扱いするつもりはありません。本来は、約束破りをしなくても、望ましいルールづくりやルール改定のできるシステムのあるほうが正しい社会の姿なのです。

いずれにしても辰吉選手の問題は、他人からの指示、命令、強制ではなく、自分のことを自分で決められるか、決められないかが大きな問題として投げかけられました。

■自分のことを自分で決める権利

あなたは自分のことは自分で決めますか。中学生だったころを思い出してください。両親や先生がいろいろなことに口を出して、「ああしろ、こうしろ、あれはだめ」と命令したり、禁止したりすると、あなたは「自分のことは自分で決める」と反抗した経験があるでしょう。むずかしい言葉でいうと、両親や先生があなたのためを考えて口出ししたり、命令したり、禁止したりすることを「パターナリズム（保護主義）」といい、自分のことは自分で決める権利のことを「自己決定権」といいます。察しのよい読者は気がつかれたでしょうが、ＪＢＣはパターナリズムの立場、辰吉選手が自己決定権の立場です。

自分のことは自分で決める権利（自己決定権）は自由主義の考え方です。今の日本の社会は自由主義と考えてよいでしょうが、その考え方は英国の哲学者だったジョン・スチュワート・ミルという人の著作『自由論』の主張がモデルになっています[1]。五つの原則[2]それぞれにむずかしい問題が潜んでいますが、私たちの日常生活で考えればきわめて常識的な原則です。

酒を飲むという行為を例にあげてみましょう。日本では二十歳になれば酒を飲んでもよい年齢に達します。酒は飲み過ぎると害になることは常識ですが、自分の身体ですからとやかくいいません。ただし、酒を飲んで暴れ回り、他人に危害を与えることは認められません。といっても、飲み過ぎは身体に悪いと他の人が考えても、酒を飲むか飲まないかを自分で決めます。二十歳になればだれでも自動的に判断力がつかないものの、自分のしたいことは自分で決められる年齢になります。

「自由」の裏返しは「責任」です。罪を犯した場合、未成年ならば少年A、成人ならば実名が報道されます。そこに未成年と成人との区別があり、実名による報道は大きな社会的制裁となります。自由と責任はコインの裏表の関係です。自由であっても、自分が決めた行為には責任がともなうわけです。ただし、成人に達しない未成年の人にはパターナリズムが適用されます。そのため「日本は自由社会なのだから、自由にさせてほしい」と中学生や高校生が発言しても、「ちょっと待て」となります。

ミルの考え方は人間の「自律」を重視したものです。お節介な人びとや世論や政府からの社会的、政治的介入によって、人間の自分で考える力が弱められしまうことを心配したからです。

試行錯誤という言葉があります。それは失敗を繰り返しつつ人間的に成長していくことを願っています。後から振り返れば、周りの人びとの意見が正しい場合もあります。しかし、何も考えないでただ従うだけでは、自分で考えて判断できる人間にはなれません。他の人のいうがままに、何も考えずに他の人が敷いたレールに乗れますが、そのレールがどこに向かっているかはわかりません。人間は別々の人格をもって生まれてきます。一人ひとりが自分の人生を自分で決められるべき、という考え方が自己決定権という言葉で表されるようになってきました。

■私たち日本人は、自分のことが自分で決められるか

辰吉選手の問題に戻って考えてみましょう。ミルの原則にもとづくと、辰吉選手が網膜剥離になった時の年齢が二十四歳でした。判断力のある大人の基準は恣意的ですが、日本では二十歳ですから、(1)の原則はクリアしています。(2)の健康障害については本人の身体ですからこの原則もクリアしています。(3)の他人への危害も彼の場合はありませんし、(4)の原則に関しても、網膜剥離から失明してしまうかもしれませんが、それにあえて主体的に挑むのは、辰吉選手の個性・人格と判断できます。ミルの原則とは違うものの、可能性としては、プロボクシングは職業ですから、日本国憲法で保障されている「職業選択の自由」「幸福追求権」も辰吉選手を応援することでしょう。

以上のことから、ミルの原則から判断すると、ＪＢＣの規則で引退を決めることは望ましくなく、辰吉選手本人が自己決定すべきことと判定できます。

しかし、日本においては、自分自身のことながら自分で決めることが歓迎されず、どちらかというと、パターナリズム的に助言、忠告、命令することが歓迎されます。時には、そのようにしないことが「行政の怠慢だ」と糾弾されかねない風潮さえあります[3]。日本人は、「甘えの構造」と指摘されるように、もともとパターナリズムに依存する国民性があります。さらに自由主義は、個人主義につながっています。しかし、個人主義を徹底すると家族までばらばらになることもあります。日本の自由主義は、自らの手で勝ちとった制度ではないので、本当の意味での自由主義を理解していない人びともいます。自由と責任とがペアである点を肝に命じること、また私たち日本人に適した自己決定権の考え方を創りあげていくことが大切です。

自己決定権とパターナリズムとの関係は、体育・スポーツのなかに数多く潜んでいます。この視点から体育やスポーツの場面をみてみると、これまでとは違った世界が開かれていくと思います。

（近藤良享）

【注】

1) 加藤尚武、『倫理学の基礎』、放送大学教育振興会、一九九三年。
2) 五十八頁を参照。
3) 山田卓生、『私事と自己決定』、日本評論社、一九八七年。

2・性別はスポーツ団体が決める？ ―動揺する女性選手―

■あなたが世界レベルの女性選手なら

ここでは、あなたがオリンピックに出場できるほどの女性選手になったつもりで考えてください。そうしないと、この問題の深刻さが理解できません。たとえば、オリンピックに出場するほどの選手ですと、家族、親戚、学校、競技関係者らが期待をかけ、激励会や壮行会を開いて応援してくれることでしょう。

しかし、あなたがオリンピックで競技するには、IOCから女性であることが証明されなければなりません。その規定が、女性証明検査（フェミニニティ・コントロールとかセックス・チェック）といわれるものです。この女性証明検査は、薬物ドーピングほど世間を騒がせていませんので、あまり知られていないのですが、関係者の一部からは「問題あり」といわれています。

正確にいえば、女性証明検査は、シドニー・オリンピックから廃止されることになりました[1]。以下に述べるような問題点から廃止されることになりましたが、例外条項があり、「検査の必要が生じた場合だけ実施する」ことになっています。二〇〇〇年のシドニー・オリンピックでどのような問題が出てくるのかは予想もつきません。性転換した選手や女装した選手が話題となるかもしれません。
いずれにしても、アトランタ・オリンピックまで実施されていた女性証明検査の問題点を吟味することは、いろいろな規定をつくる際に考慮しなければならないことがらが含まれています。人権尊重が叫ばれているなか、過去の規定の問題点を吟味することに意義があります。

■女性証明検査の目的と方法

女性証明検査の規定は、薬物ドーピング禁止規定と同時に一九六八年に設けられました。なぜ、このような規定が設けられたのでしょうか。簡単にいうと、男女には競技能力に差があって、一緒に試合をすると不公平（女性が勝てないこと）になるからです。しかし、男女に競技能力の差があるのは当たり前です。それは、今の大半の競技スポーツが、もともと男性、女性の両方を念頭においてつくられたのではなく、男性だけでつくって行われ、女性は排除されていました。男性のための活動ですから、女性が優位になることはむずかしいといえます[2)]。

一般的には、「男と女は外見をみればわかるじゃないか」といわれそうですが、私たちのなかには半陰陽、両性具有の人もいます。国際陸上競技連盟の調査では、国際的な陸上競技大会に出場した女性選手の五百名に一人の割合で、検査上の疑いがあったと報告されています。

一九六八年のグルノーブル冬季オリンピックから実施される以前には、男性ではないかと疑われる事例がありました。たとえば、一九三六年のベルリン・オリンピックの走り高跳びで世界記録を樹立した選手は、ヒトラーに命令されて「女性」で競技したと告白していますし、一九五二年のオスロ冬季オリンピックでメダルを獲った二人のフランス「女性」選手は、その後、男性に性転換して女性と結婚して子どもがいるそうです。女性が男性に性転換して子どもができるのか不思議です。また、この検査が実施されることになって突如引退した選手も数名います。最近でも、フィリピン陸上界のホープだった女性選手が実は男性だったと報道されています[3)]。

以上のように、女装した選手、男性から女性に性転換した選手、半陰陽選手が女性部門のなかに混じるのを防ぐために、女性証明検査が行われるようになりました。

オリンピックの場合、女性競技への参加を希望する選手全員に検査を行います。厳密に検査をすると時間も経費もかかります。そのため、第一次検査として性染色質検査を行い、性分化異常が疑われた選手は、より時間と手間のかかる性染色体分析、さらには婦人科、泌尿器科学的検索を行って、最終的にIOC医事委員会が男性か女性かを決めます。検査技術が遅れていた時には、産婦人科の医者や判定員の前を女性選手が裸で歩いたという記録もありますし、選手やコーチのなかには、女性選手だけをはずかしめようとしていると非難して、男女全員の検査を要望している人もいます。

■女性証明検査の何が問題か

女装した選手や性転換した選手は第一次検査で容易に判明します。問題なのは、これまで女性として生活、競技してきた性分化異常選手を男性とするか、女性とするかということです。二、三の問題点をあげてみましょう。

(1)性の判定はむずかしい

受精から成人に至るまでの間には、男女差をつくりあげる過程が何段階もあり、それが積み重なって性分化が完成します。そして結果的に全体としてどちらの比重が大きいかで総合的にみた男女の別が生じます。しかし、本来男女は明確に一線を画するものではなく、多くの中間型が存在するといわれています。

前述したように、第一次の性染色質検査の結果、間性(inter sex)の疑いがあると、もっと詳細な検査が行われて、最終的には医事委員会で判定します。ところが、実際におなかを開く試験開腹しないとわからない場合もあります。こんな事例がありました。

一九三二年のロサンゼルス・オリンピック、陸上競技女子百メートルの金メダリストだったステラ・ウォルシュ選手が、一九九〇年十二月に強盗に射殺されるという痛ましい事件がありました。検死の結果、ウォルシュさんが男性器を持っていたと大々的に新聞報道されました。ところが、翌年二月に検死官が解剖結果を発表し、彼女は男性器を持っていても働いておらず、結婚して妊娠していることが判明しました。彼女は、明らかに真性半陰陽(ハーマフロダイト)の事例だったようです。

京都大学霊長類研究所の所長だった大島清氏の『ヒトはみな生まれる前は女だった』によると、人間の性は、遺伝子的性、つまりX、Y遺伝子の組み合わせによる決定があり、次に身体的性が決定されます。この身体的性も二つの段階があり、第一段階は生殖腺の性で、精巣もしくは卵巣が形成される段階です。そして第二段階は脳の性分化の段階で、たとえば男性の場合ですと、精巣からの男性ホルモン、アンドロゲンの洗礼があって男性につくられていき、さらに男らしさ、女らしさという文化的な性分化の強化を受けながら二次性徴期を経て、男女の性を確立していくのだそうです。

このように、性分化は順次段階を経て性を確立していくのですが、それぞれの段階で何らかの異常事態が発生するとさまざまな障害が出てきます。たとえば、性染色体に異常があると性分化異常が起こりますし、脳の性分化の時期に、たとえば妊婦に過剰なストレスがかかると、胎児のアンドロゲンの分泌が妨げられて、遺伝子的性は男性でも脳はメス化してしまい、ホモセクシュアルが出現しやすくなるそうです。

大島氏の話をまとめますと、結局は完全な男女というのは存在せず、だれもがどちらかに偏向しており、境界線は明確に引けないということになります。

女性証明検査に異議を申し立てる人びとは、X染色質検査に問題があると指摘しています。たとえば、形態的には女性でありながら正常女性と判定されない場合には、ターナー症候群、精巣性女性化症候群、性腺形成異常症候群があるといわれていますが、いずれの症候群も男性化傾向をしめしておらず、逆に形態的には男性でありながら、検査では正常女性と判定される場合があるそうです。検査によって、医学上、生物学上の分類によって、男女が分けられますが、それが競技スポーツのなかで有利になっているか、有利になっていないかを判定することはむずかしいのです。そのために、スポーツ団体は、競技上の有利、不利は別として、医学上、生物学上の分類で性別を決めています。

(2) 名誉毀損やプライバシー侵害の恐れ

女性証明検査は大会開催国に責任が任されています。ところが、なかには国内で検査しないで参加する選手もいますので、仮に大会の場で男性と判定されながら、性判定に誤りがあると名誉毀損になり、国際問題にまで発展する可能性もあります。また、検査の結果、男性と判定されてもプライバシーの保護が問題となります。検査結果は公表されないことになっていますが、国際レベルの選手は有名人なので、競技せずに帰国するとワイドショウの餌食になりそうです。しかし、薬物ドーピングといった意図的に身体を改造する場合とは違って、性分化異常は本人にまったく責任がありません。もし女性として育ってきたあなたが、「実は男だ」といわれたらどうしますか。仰天すると思います。

女性証明検査を受けた女子学生が話してくれました。ジュニア世界選手権に向けた合宿の合間に選手全員で検査に出かけ、そのなかの一人の選手が疑われて精密検査まで進んだそうです（幸い、女性と診断されたそうです）。全員一緒ではプライバシーは守られません。疑われた選手は、検査結果を待っている間、ずいぶん動揺、困惑したでしょう。同情します。

残念ながら、女性証明検査規定が存在すれば、それに従わざるを得ません。男性と判定された時を考えて、プライバシーの保護のために選手自身が個別に医療機関で検査を受ける必要があります。個別に検査を受ければ、たとえ男性と判定されても、医者には守秘義務があり、本人が公表しない限り公になることはありません。そうすれば、スポーツの世界との関わりを自分で変更することができます。自分がなんらかの不利益を被る可能性がある検査は、集団ではなく個別に受けるほうが望ましいといえます。

(3)インフォームド・コンセントが重要

前節で取り上げた辰吉選手の場合は、自分のことが自分で決められるかという自己決定権を問題としました。生命や身体に関わる問題では自己決定権が重要になりつつありますが、その際の条件として、インフォームド・コンセントが不可欠になってきました。

この視点からみると、女性証明検査を受ける・受けないの選択が選手自身で行われているのかは疑問です。それは、検査の前に、検査の趣旨、検査方法、最悪の事態の説明が十分になされ(インフォームド・コンセント)、そのうえで受診を自己決定することが行われているとは思えないからです。選手が未成年者の場合には、親権者にも説明して同意を得るというインフォームド・コンセントが必要になります。さらに、検査の結果、男性と判定された場合、だれがそれを告げればよいのでしょうか。監督でしょうか、医師でしょうか。

告知の問題はむずかしいですね。真実を伝えることが本人の幸せになるとは限りません。これは癌の告知に似ています。

■第二次検査を廃止しては?

この規定は「改善の余地あり」といえないでしょうか。読者もいろいろな意見があると思いますが、私は以下のように考えます。

本来、スポーツは生物学的な意味でのヒトが行う競技ではなく、人間が行うことが原点と考えます。医学的、生物学的な意味での性判定はヒトのレベルまで追究できるでしょうが、人間のレベルでは必ずしも必要ではありません。スポーツにおける男女の判定は、医学的、生物学的判定からは異論があっても、「未知の部分を残した決定」のほうがより人間的であると思われます。

このように考えると、スポーツにおける男女の判定は第一次検査にとどめ、つまり女装選手や性転換選手を区別するだけで十分に公正さが達成されます。「疑わしいときには被告人の利益に」の精神に則り、性分化異常を見きわめる第二次検査の廃止を提案します。とりわけ、本人に選択の自由がない場合は、周りの人びとが寛容、大目にみてあげることが最善の選択ではないでしょうか。

さらに、寛容すべき立場の人は、すでにＩＯＣや他の国際競技連盟から女性のお墨付きをもらった女性選手も同じです。人間は、自分が嫌な思いをしたことを忘れ、他の人にも同じような思いをさせることがあります。お墨付きをもらうと、検査前の弱者から検査後の強者へと立場が移行します。強者が弱者に配慮をしなければ、いつまでも嫌な思いが繰り返されます。

（近藤良享）

［注］

1) 朝日新聞、一九九九年六月二十四日付。
2) 第４章の「体育・スポーツにおける男女平等」参照。
3) 毎日新聞、一九九六年三月八日付。

3・スポーツと環境倫理―自分さえよければでなく―

■環境倫理と生命倫理の違い

環境問題については世界的な議論の高まりがあり、世界各国でさまざまな会議が開催されています。これは「このまま進めば、地球が危ない」という認識の現れです。乱開発によって資源が枯渇したり、また、ディーゼル車や工場からの窒素酸化物や硫黄酸化物による酸性雨や二酸化炭素による地球温暖化、フロンガスによるオゾン層の破壊などによって生態系が破壊されています。こうした環境問題は、地球の存続に関わる重大な問題ですが、各国の利害が複雑に絡み合って、どれひとつとっても容易に解決できる問題ではありません。

一方、「生命倫理」の問題もきわめて重大です。脳死、生体間・異種間臓器移植、尊厳死、安楽死、人工受精、代理母、遺伝子操作などの問題も世界中で議論が行われています。スポーツの世界では、薬物ドーピング、過度のトレーニング、人体実験、遺伝子操作の可能性などが、「生命倫理」から派生する問題となります。辰吉選手や女性証明検査の問題も自己決定権が絡みましたので、生命倫理と関わる問題です。

「環境倫理」と「生命倫理」は現代社会における重要課題の双璧です。ここで取り上げるのは前者ですが、後者の「生命倫理」の問題と対比すると、その違いがよく理解できます。「環境倫理」は、(1)今の世代が未来世代の生存と幸福に責任をもつ＝世代間倫理、(2)単に人格のみならず自然物もまた最適の生存への権利をもつ＝アニミズム、(3)決定の基本単位は個人ではなく地球生態系そのもの＝地球主義、といったテーゼに立っています。

一方、「生命倫理」は、(1)今の感覚が価値判断の原点＝快楽主義、(2)生存権を人格に限定し、身体の所有権に傾く＝個人主義、(3)決定の基本単位が個人となる＝自己決定、といった考え方です。「環境倫理」は地球全体を出発点にし、他方「生命倫理」は個人そのものを出発点にしています。

■環境との摩擦や問題点

地球環境に対する世界的な危機感が高まるなか、私たちのスポーツは環境問題とどのように関わっているのでしょうか。

クラウス・ツァハーイは、以下のように摩擦や問題点をあげています[1]。

(1)スポーツ施設の建設によって広大な土地開発が行われている。競技施設だけでなく、駐車場などの附属施設にも広大な土地が必要である。

(2)間接的・直接的環境汚染がある。間接汚染としては、自動車公害、ごみの投棄、汚物の問題がある。ごみや汚物の問題は、山岳スポーツでも指摘されている。直接汚染としては、モーター・スポーツ

アメーバのようにもみえるゴルフ場（共同通信社提供）

がある。たとえば、オフロード自動車レース、モトクロス、ボート・レースである。

(3)生態系の破壊は、自然のなかで行われるスポーツに集中している。たとえばヨット、サーフィン、カヌー、フィッシング、登山、オリエンテーリング、アルペンスキー、歩くスキーなどは、動植物がバランスをとりつつ生存している場所に侵入して、生態系に悪影響を及ぼしている。

(4)スポーツ活動にともなう間接的・直接的な騒音問題がある。間接騒音には、イベント開催にともなう場内放送や自動車騒音があり、直接騒音には、スポーツ参加者自身が出す騒音がある。たとえば、叫び声、掛け声、打球音（テニス、金属バット）は訴訟にまで発展し、裁判所は住民に安息を求める権利を優先している。

彼の指摘はドイツ国内の状況ですが、問題の潜在化、表面化は別として、大なり小なり各国とも同じような問題を抱えていることは間違いありません。

日本の状況を考えてみましょう。飛行機に乗って機上から下を眺めると、数多くのゴルフ場がみえ、それはまるでアメーバのような形をしています。一九八七年六月の「総合保養地域整備法」（通称リゾート法）の制定および「第四次全国相互開発計画」がゴルフ場造成に拍車をかけました。第二次世界大戦以前には、全国で二十三箇所しかなかったゴルフ場が、一九九〇年には千六百四十箇所になりました。現在、建設中が約三百箇所、計画段階が五百六十二箇所あり、合計するとゴルフ場は約二千五百箇所になるとのことです。これは東京都の面積とほぼ同じになります。このようなゴルフ場開発には、自然破壊という点からさまざまな反対があり、造成や維持管理のための農薬使用によって生態系が破壊されているというのが主たる論点です。

他方で、冬季スポーツ関連施設も問題となっています。アルペンスキーでは、競技の平等を保障するために、特殊加工によって雪面を固めて競技を行います。当然、特殊加工によってそれ以前とは環境が変化し、生態系にも影響が出ます。樹木を伐採した開発は、数年間ですが、樹木を再生するには数十年から百年単位の時間がかかり、時には再生不可能となることさえあります。また、最近人気を呼んでいる「歩くスキー」も問題になるでしょう。人為的に整えられたゲレンデスキーとは異なり、自由に山間に入り込んでいくわけですから、当然、動植物への影響も出てきます。

さらに、日常生活圏内のスポーツ活動も摩擦を生じさせています。日本ではゲートボールが高齢者の間で盛んに行われています。しかし、早朝から始めるために近くの住民から苦情が出て行政機関が調整役になり、時間制限が設けられたところもあります。また、ある住宅区域内のテニスコートには騒音測定機が設置され、一定以上の騒音が出ると警報が鳴ることになっているそうです。

■スポーツ活動の何が問題か

このような状況は、何に原因があるのでしょうか。一つは、スポーツ関係者が唱えている「スポーツ・フォー・オール」とか「生涯スポーツ」の推進運動に一因があると思います。このような主張は、「スポーツ・フォー・オール」「生涯スポーツ」の運動が悪いというものと誤解されるかもしれません。しかし、そうではありません。

この運動の根底には「産めよ、増やせよ」という思想があり、スポーツ参加者の増大こそが目標とされ、達成のバロメーターとなっています。スポーツ参加者が増大すれば、当然、施設不足が生じます。公営、民営を問わず、スポーツ欲求、需要があれば各種施設の新設、拡張が図られます。しかし、新しいスポーツ施設の建設や拡張には土地が必要です。都市圏内にはスポーツ施設のための土地を提供できるだけの余裕はあまりありません。そのため、近郊の山野を切り開いたり、臨海地域を埋め立てたりします。人間がいったん踏み込めば、そこは自然状態ではなくなります。自然をそのままにして、開発を推進することは不可能です。各種の開発は、人間中心主義がなせる技です。先に述べた「環境倫理」のテーゼに「アニミズム」がありました。人間以外の動植物からみると、「人間は何とわがままなのだろう」と苦々しく思っているに違いありません。

たしかに、これまでは「開拓者精神」ではありませんが、自然を人間にとって都合のよい状態に創り変えていくことに価値が置かれてきました。しかしながら、「環境倫理」の視点からすると、拡大とか前進といったこれまでの価値観に異議が唱えられます。

スポーツ・フォー・オールや生涯スポーツの振興によって参加者が増加すれば、環境破壊になるというジレンマがあります。世界の人口増加は重大な環境問題ですが、スポーツ参加者の増大も同じです。特に、最近は伝統的なスポーツ種目に飽き足らず、ニュースポーツが出てきています。いくつかは自然のなかで活動する種目です。自然のなかに人が入り込んでいけば、大なり小なり自然破壊につながります。スポーツの世界だけが人間中心主義の価値観でもって、この先も進んでいけるとは思われません。「地球は人間だけのものではないこと」を自覚し、スポーツ世界も参加者の数的拡大という理念を再考すべき時期にきています。

■環境倫理を自覚したスポーツ活動へ

「環境倫理」の視点から自然環境と人的環境の二つの問題を考えてみましょう。

まず、自然環境に関しては、第一に、人間中心主義の価値観にもとづくスポーツ参加は自粛すべきでしょう。極論すると、スポーツ参加を含めて、人間の活動それ自体が自然に対して脅威を与えています。自然と人間とが共生するためには、人間の側に自然に対する配慮が欠かせませんし、場合によっては自らの欲求の制限も必要です。

第二に、自然環境を悪化させているスポーツ施設は利用しないという決意が必要です。たとえば、多量の農薬を散布しているようなゴルフ場は安くても使わないことです。ゴルフ場に雑草が生えていなかったり、鳥が飛来しなければ危険です。是非とも、環境に配慮したスポーツ施設を公共機関が認定し、参加者にわかるような制度が必要です。

第三に、スポーツ用具、用品もリサイクルできるようメーカーに求め、そうした用具、用品を利用することです。スポーツ用具、用品が古くなったり壊れたりすれば、一般のごみとなり、埋め立てられたり、時には焼却処分によってダイオキシンなどの有害物質が発生する恐れもあります。資源の再利用の考え方はスポーツ用具、用品も同じです。

次に人的環境に関しては、スポーツ活動の優位性の思想を改めなければなりません。今まではスポーツ活動それ自体が「善いこと」と考えられてきましたが、そうではありません。前述のドイツの事例が示すように、スポーツ活動に対して否定的な人びとや安息を求める人びと、さらに静かにスポーツを観戦したい人びとも少なくありません。スポーツ活動にともなう騒音は紛争の原因となっています。スポーツ活動に反感を持つ人びとにとって、騒音はきっと不快なものでしょう。スポーツ活動の自由は、「他者に危害や不快感を与えない限り」という限定付きです。スポーツ活動にともなう騒音が他者に不快感を与えていることを自覚して、スポーツ参加者以外の人びとに配慮しなければなりません。

以上のことから、結局、私たちスポーツ参加者自身が教養ある質の高い人間をめざすことが必要となります。他者や自然物への配慮を心がけることが「環境倫理」の求めることでした。つまり、自分が選んだ行為が重大なことにつながって、自然破壊に加担していると自覚することです。一人ひとりの小さな行為の積み重ねが、結局、大きなつけとなってはね返ってきます。環境破壊につながるという理由でスポーツ活動に法的規制が加えられると、結局、スポーツ活動は不自由になります。スポーツに関与するすべての人びとが「環境倫理」の考え方に共鳴し、他者や自然物に配慮して行動することが、今後ますます重要となるでしょう。

（近藤良享）

[注]

1) Klaus Cachay (1987) Sport und Umwelt:Zur Entwicklung und Reflexion eines Konflikts.（スポーツと環境：摩擦の発生と反省）Sportunterricht 36 (3) 93–101.

第4章
弱者と強者の倫理学

1・体育・スポーツにおける男女平等―男と女は違うか―

■男女の扱われ方の違い

「男と女」という窓から、体育やスポーツの世界を眺めるといろいろなことがみえます。小学校での体育授業は男女一緒に行いますが、中学校や高校では男女別になります。中学校や高校では選択制が導入され、男女一緒に体育授業をするようになりましたが、かつては男女は別々に、しかも授業時数（単位数）も違っていました。たとえば、男子が格技（現在は武道）を行う時間に、女子は家庭科やダンスを行うという具合です。運動会でも男子には騎馬戦とか棒倒しがありましたが、女子にはありませんでした。また、私の高校時代のことですが、体育教師も女性が一名だけで、主としてダンスを担当していました。なぜダンスは女性教師の専売特許なのでしょうか。不思議です。これは体育教師に男性が多く、女性が少ない原因のひとつで、興味深い追究課題です。

男女の扱われ方の違いがよくわかるのがプロスポーツの世界です。日本のプロ野球は男性だけで、女性のプロ組織はありません。また、ゴルフのように、男女ともにプロ組織があっても、その賞金に

男女一緒に行われることが多くなった高校の体育授業

は歴然とした差があり、男性に比べて女性が低くなっています。他にも、男女の扱われ方の違いはいたるところにあります。女性に不利の場合だけでなく、男性にも不利な場合（逆差別）もあります。

体育やスポーツの世界では、なぜこのような扱われ方に違いがあるのでしょうか。後でも述べますが、その回答は、もともとスポーツが男だけの占有物だったからだと私は考えています。それはスポーツマンやスポーツマンシップという言葉に表れています。スポーツマンのマン（man）は男性です。辞書的意味から広く男女を含めた「人間」と理解できますが、もしかしたら、人間という意味にかつては女性が入っていなかったのではないでしょうか。

このことから、最初は男性だけがスポーツを行い、次第に女性も参加が認められるようになったと考えられます。この点は重要です。なぜなら、偉大な哲学者、アリストテレスをもってしても、「男性は勇敢で積極的だが、女性は臆病で引っ込み思案である」と、男らしさや女らしさを認めていますし、近代になって女性がスポーツに参加するようになっても、レクリエーション的スポーツは女性向きでも、激しい競争をともなうものは女性に向いていないといわれていました。明治時代の体育専門雑誌には、女性が陸上競技を行うと女らしさが損なわれるとか、下品になるという論調もあります。

このように、体育やスポーツにおける男女の扱われ方の違いは、その社会にある男女の見方が鏡のように映し出されています。たとえば、よく使われる主人とか家内といった表現は、前者が男性中心を示す表現であり、後者が女性は家にいるとか、家を守るという意味があります。男は外、女は内という役割分担ができ、それが次第に固定的な性役割分担(Sex-Role Stereotype)として定着しました。しかし、男女同権思想が推進されたり、女性が社会進出(この表現も男性中心社会を示しています)するにつれて徐々に考え方も変わってきました。こうしたなか、体育やスポーツの世界で、制度的に大きく男女平等の可能性を開いたのが、一九七二年のタイトルIX《ナイン》(アメリカ教育修正法)です。

■タイトルIXの基本的考え方[1)]

アメリカでは、体育やスポーツの男女平等にタイトルIXが大きな推進力となりました。これには「国から財政的援助を受けている教育プログラムや教育活動では、だれもが性を根拠に、参加が拒否されたり、恩恵が受けられなかったり、差別的に扱われることはない」と明言されています。

体育授業の規定では（競技の規定もある）「学校では、性別にもとづいて男女別々の教育課程を設けたり、別々の教育計画、教育活動を実施してはいけない。また、児童・生徒・学生に男女別々の教育課程への参加も要求してはいけない」とあります。ただし、グルーピングや男女別にしてもよい場合もあります。(1)性別ではなく、客観的な個人の実技能力基準によれば、体育授業、体育活動をグルーピングしてもよい、(2)レスリング、ボクシング、ラグビー、アイスホッケー、フットボール、バスケットボールなどは、男女別の体育授業、体育活動を行ってもよい、(3)体育授業において、ある技術や進歩の評価基準を使うと、どちらかの性に不利になる基準は使わない、(4)性教育の授業は男女別でもよい、とされています。

このようにタイトルⅨでは、原則として、体育授業、体育活動を「男女混合（一緒）」に行うことを義務づけ、例外として、個人能力によるグルーピング、身体接触をともなう教材の男女別、評価における性差別の禁止、性教育の男女別を認めています。

アメリカでは、この法律の制定によって体育授業や体育活動は大きく変化し、施行当時には混乱もみられましたが、性別による区別はなくなり、男女とも体育やスポーツに同等に参加できるようになりました。今では日本でも、これまで男性しか行っていなかったスポーツに女性も積極的に参加していますし、逆に、女性向きとされていたダンスに男性も参加しています。つまり、男性だから女性だからという理由で、スポーツ種目や活動が決められることがなくなりました。これが「等しい尊敬と配慮（Equal Respect and Concern）」の原則です。いろいろな差別問題を考える時の重要な原則です。

■体育・スポーツにおける男女平等

男女平等についての論議は、国内・国外を問わず盛んに行われています。それらの議論を整理してみるといろいろな立場が出てきます。最初の立場の違いは、男女の生物学的違いを認めるか認めないかです。その違いを認めない場合は、フェミニズム（Feminism）や同化主義（Assimilationism）となります。男女の生物学的違いを認めると、次は男女の歴史的、社会的違いを認めるか否かです。つまり、前に述べた固定的な性役割分担を認めるか認めないかです。この固定的な分担を認めると、極端な場合、男性を重んじ女性を見下す、男尊女卑や男女差別の思想（Sexism）に繋がっていきます。

差別を露骨に示さないために、差別主義者は「分離すれど平等（Separate but Equal）」という考え方を提示します。比喩的に言うと、「新幹線に乗って東京から名古屋に行く場合、一両目は男性、二両目は女性と車両を指定しても、男女とも同じ名古屋に行くことができる。だから車両を別々にしても悪くはないのだ」となります。この考え方は、男女に限らず、人種、民族といった差別にも同じように使われます。禁煙と喫煙車両の区別も、この「分離すれど平等」を具体化したものです。この場合は、個人の嗜好で車両が自由に選択できるものの、性別、人種、民族は自分で選択できません。車両の場合は、区別されていても選択できないことがらはどうしようもありません。車両の場合は、区別されていても同じ目的地まで行けます。しかし、たとえば、同じ料金で、男性はグリーン車、女性は一般車両だったらどうでしょうか。女性から不満が出るのは当たり前です。

「分離すれど平等」という思想は、形式的には正義を実現しているようにみえても、実質的には同じ結果が得られない可能性があります。差別問題を考えるときは、これまで優位・有利な立場にいた人びとが自分に都合のよい考え方をしていないか、それを見きわめる必要があります。

体育やスポーツにおける男女平等の実現に向けて、その方向性を考えてみましょう。この場合、体育とスポーツを分けて考える必要があります。体育授業の場合は、スポーツを手段、つまり教材として利用するわけですから、男女の競技能力差を個人差、個性に置き換えられます。個人差を認めたり、身体接触の禁止ルールを設定したりして、授業を行えば、体育の目標は十分達成できます。しかし、技を競い合う競技スポーツの場合、男女が一緒に競技をすると、男性が上位を独占してしまいます。現在、男女別で行われているほとんどのスポーツでは、記録や技能の男女差は明らかです。最近、シンクロナイズドスイミングに男性が混じったチームに対して異議が唱えられました。それは、男性は脚力が強く、長く水中に潜水できるので有利だから、といわれています。

では、なぜ男女に競技能力の差があるのでしょう。生物学的な違いなのでしょうか。最初にちょっと触れましたが、私の考えは、少し違った見方をしています。つまり、もともとスポーツは、男性対男性の対戦に違いが出るようにルールがつくられました。その後、男性対男性用のスポーツに女性が参加してきたわけですから、当然、男女を比較すると、男性のほうが記録や技能に優れています。俗っぽくいうと、女性は男性化しないと男性なみの技能や記録に近づき、追い越すことができません。東京オリンピック以来の連続出場を逃した全日本女子バレーボールチームに対して、欧米女子チームの男性なみの体格、スピード、パワーを求める論調がそれを象徴しています。結局、男女の競技能力の差をなくすには、新たな競技スポーツをつくりだすことが必要となります。

以上のことから体育・スポーツにおける男女平等への方向性を考えると、(1)体育授業の場合は、できる限り男女一緒に授業を行い、男女の相互理解を深める機会にすること、(2)今ある競技スポーツの場合、さしあたり「分離すれど平等」の原則を受け入れて男女別にしても、できる限り男女が同じ扱いになるよう配慮する「等しい尊敬と配慮」の原則を遵守すること、(3)未来の新しい競技スポーツは、男女差ではなく個人差、つまりSportman/Sportwoman ではなく、Sportperson によるスポーツを創造していくことが求められます。

（近藤良亨）

［注］

1) 近藤良享、「体育・スポーツにおける男女平等」、体育原理専門分科会編、『スポーツの倫理』、不昧堂出版、一九九二年。

2・スポーツにおける黒人問題を倫理する
――スポーツは人種を超えたか――

■自由と平等の国アメリカ？

一九九八年、米大リーグでくりひろげられたマーク・マグワイア一塁手とサミー・ソーサ外野手との本塁打王争いは、マグワイア選手の勝利に終わりました。日本でも、テレビ・新聞などで報じられましたが、マグワイア選手にばかりスポットライトが浴びせられていることが、私には少々気がかりでした。アメリカでもマグワイア選手の人気ばかりが目立ち、この現象を「人種の壁」と表現するメディアもあったといいます[1]。

人種の壁！　このような見方は、多民族が共存する「自由と平等の国アメリカ」というイメージとは異なります。しかし、アメリカは長い間、人種差別という社会問題を抱えてきました。黒人が、投票権、公共施設や公立学校での白人との分離撤廃、雇用機会の平等化などの基本的人権に関する法的保障を獲得するのは、今から四十年ほど前のことです。これは、一九六〇年代に始まった公民権運動の結果です。黒人は、公民権法が成立した一九六四年以前は、レストラン、ホテル、デパート、学校、公衆トイレなどのあらゆる施設から締め出されていました。バスの座席は、白人用・黒人用とに分離され、満席状態でやっと確保した座席も、黒人の場合、次の停留場で白人が乗車してくれば座席を譲ることを強制されました。

「分離すれど平等」、このような人種差別を合法化した理不尽な法律がまかり通っていました。「自由と平等!」、人間が共有すべき基本的な権利は、WASP(白人、アングロ・サクソン、プロテスタント)にのみ保障されたものでした。

■スポーツの世界は平等か

スポーツの世界ではどうでしょうか。ハンク・アーロン、モハメド・アリ、マイケル・ジョーダンなど、野球、ボクシング、バスケットボールなどさまざまな分野で黒人選手が活躍してきました。今やスポーツは、黒人選手の活躍ぬきには考えられないものとなっています。これらのことは、スポーツの世界には人種差別がなく、スポーツが機会均等のモデルであると結論づける根拠となるでしょうか。

黒人選手の活躍は、陸上競技、バスケットボール、フットボール、ボクシングという種目に集中しています。これらのスポーツと同じ割合で、テニス、ゴルフ、スケート競技、水泳競技で黒人選手が活躍しているでしょうか。前に示した種目に黒人選手が集中する理由を、発生学的観点から説明する研究もありますが、その説明には次の事実が欠けています。もしテニスコート、ゴルフコース、スケートリンク、プールなどの施設に黒人が自由に出入りできたら、もしラケットやスケート靴などの高価な用具を自由に利用できたら、たとえば白銀のリンクに黒人選手の逞しくて可憐なステップをみることができるでしょう。

黒人選手の活躍は、ある特定の種目に限られると述べましたが、これも一九六〇年代以降のことで、それまで黒人はスポーツの世界からも締め出されていました。

アメリカンフットボール(NFL)の黒人選手の割合は、一九五六年から一九八九年までに、十四%から五十五%に、野球のメジャーリーグでは十%足らずから二十五%に、バスケットボールのNBAでは、二十%から八十%以上に増加しました。スポーツの世界での分離撤廃がここ三十年間で起きた現象であることは、この数値が証明しています。しかし、この分離撤廃も、公民権運動の影響があるとはいうものの、純粋に人道主義的な動機から行われたのではなく、黒人選手の活躍が観客数動員に寄与したからだと述べると、「理想の国! アメリカ」のイメージを傷つけてしまうでしょうか。

「所詮、この世は、金次第」、黒人選手の活躍が高収益と結びつく場合に限り、黒人はレギュラーの座を勝ち取ることができました。たとえそうだとしても、差別や偏見はそう簡単になくなるものではありません。アメリカのメジャーリーグの黒人選手は、レギュラーの座を獲得したあとも、スタッキング(Stacking)という守備位置による差別を受けてきました。永らくピッチャーやキャッチャーのバッテリー、内野手には、黒人選手は起用されませんでした。

スポーツにおける人種差別の事実は、他にもたくさんあります。もし白人選手と黒人選手の打率が同等であれば、どちらがレギュラーの座を獲得しやすいでしょうか。黒人選手と白人選手の平均打率の比較研究によると、一九六〇年から一九八〇年までの平均打率は、いずれも黒人選手のほうが白人選手よりも上回っています。黒人選手が大リーガーになるのは、白人選手よりも実績面で優れていなければなりません。また、コーチ、マネージャー、監督などの管理職につく黒人の数はどうでしょうか。一九八九年までにNFLの黒人ヘッドコーチはたったひとりで、ゼネラル・マネージャーはひとりもいません。メジャーリーグの黒人マネージャーはほんの一握りで、黒人コーチは全体の九％にすぎず、総監督はいません。他の種目よりも管理職への門戸を開いたといわれるNBAですら、リーグ全体の八十％が黒人選手なのに、総監督はわずか五人足らずです。

ある特定のスポーツ種目に黒人選手が集中すること、黒人選手が非中心的守備位置を占めること、黒人選手が白人選手よりも優秀でなければならないこと、管理職になる黒人選手が少ないこと、これらの事実から、スポーツも機会均等のモデルになっていないようです。所詮、スポーツは、社会にある不平等や矛盾の再生産装置にすぎないのかもしれません。

■黒人選手の抵抗運動

これまでスポーツの影の部分ばかりを強調してきましたが、その一方で、スポーツを肯定的にとらえる見方もあります。たとえば、スポーツ界での黒人選手の活躍が、黒人を貧困や麻薬、犯罪から救い出したという考え方です。黒人選手の活躍は、アメリカ人が好むサクセス・ストーリーそのものです。スポーツは、黒人の社会的上昇移動の手段として役立っています。けれども、黒人がプロ選手になる率はごく限られていること、選手時代もそうですが、ましてや引退後の生活の安定が、ほんの一部の選手にしか保障されていないことも忘れてはいけません。

スポーツが黒人の社会的上昇移動の手段として役立つという見方は、黒人の若者たちがプロスポーツ選手をめざして努力する時間や情熱を、医師や弁護士などのスポーツ以外の専門職にも向けさせるべきとの主張と同時に語られる必要があります。だからといって、スポーツに希望が持てないわけではありません。黒人選手たちは、スポーツの世界で人種差別や偏見と闘ってきました。黒人選手たちのさまざまな抵抗運動がそれです。たとえば、一九六八年のNYAC第百回記念の陸上競技大会へのボイコット、メキシコ・オリンピックの表彰台での黒人差別抗議行動があげられます。このような抵抗運動によって、スポーツの世界の不平等は徐々に解消されつつあります。

メキシコ・オリンピックの表彰台で人種差別に抗議行動をする黒人選手（フォート・キシモト提供）

■新しいスポーツ世界の実現に向けて！

しかし、スポーツの世界に真の意味で平等が訪れるのは、まだまだ時間がかかりそうです。ピーター・シンガーは、機会の平等を超える原理として「利益に対する平等な配慮」を主張します。人間が持っている多くの利益、たとえば苦痛を避ける、自己の能力を発展させる、食住の基本的必要を満たす、他人との友好的で愛情あふれる人間関係を享受する、他人からの不必要な干渉を受けずに自分の計画を遂行する、といった利益に等しく配慮するということです[2)]。

この原理に従えば、個人のスポーツ能力を発展させるために、人種や貧富の差に関係なく、すべての人にスポーツを行う機会を用意する社会が実現されなければなりません。生涯スポーツを促す学校におけるさまざまなプログラム、安価にだれもが利用できるさまざまなスポーツ施設や用具の提供を社会は保障すべきです。もちろん、他人との友好的で愛情あふれた人間関係を享受する利益を保障する以上、公共の施設から黒人を排除するような施策は、絶対にやめなければなりません。「分離すれど平等」という過ちは、もはや繰り返してはなりません。

公民権運動を指導したキング牧師は、機会や処遇の平等という従来の平等の考え方以上の平等を望んでいます。「わたしには夢がある」と語るキング牧師は、奴隷の子孫とかつての奴隷主の子孫とが、一緒に兄弟愛のテーブルにつくこと、また肌の色によってではなく、人間の中身によって評価される国に住めるよう願っています。

固く抱き合った白人ピッチャーと黒人キャッチャーにナインがかけより、ともに優勝の瞬間を味わう日、黒人・白人の別なくみんなに支えられて黒人監督が宙に舞う日、肌の色に関係なく選手たちのファインプレイに心からの称賛と喝采を送る日、こんなスポーツ世界の到来を私は夢みています。

（友添秀則・梅垣明美）

［注］

1) 朝日新聞　一九九八年九月十五日付。

2) ピーター・シンガー、山内友三郎・塚崎智監訳、『実践の倫理』、昭和堂、一九九一年。

3・「エホバの証人」の武道拒否を倫理する
―スポーツを拒否する権利はあるか―

■南の楽園

南太平洋に浮かぶアボガド島。サンゴ礁に彩られた遠浅の海と、たわわに実ったヤシの実。降りそそぐ陽光、時間はゆっくりと流れ、とっても優しい王様と島の人たち。まるでこの世のパラダイス。

読者であるあなたは今、日本からの交換留学生としてアボガド王立アボガド高校の三年生に在籍しています。教室を照らす真っ赤な夕日。サンゴの海で初めて漕いだカヌーの授業。昔々、アボガドの王様が天から降り立ったという丘で、沈みゆく夕日を眺めながら友と語り合った日々。そして甘く切ない恋の思い出。このアボガドにはあなたの三年間の思い出がいっぱいつまっています。そして卒業式まであと少しとなりました。

でも、楽しい思い出と優しい王様や街の人たちとの間で、今、あなたを悩ませていることがあります。アボガド高校では卒業式の日に、王様や島の人たちの前で、卒業生は男女を問わず、島伝来のフラダンスのようなアボガド踊りを踊らなければなりません。その踊りが、アボガド高校を卒業するために必修であることを、あなたはつい先日まで知りませんでした。

ここ一ヵ月ばかりの体育の授業は、卒業式のためのアボガド踊り一色です。そしてアボガド踊りの当日の衣裳は、ほんの飾り程度のヤシの葉をヒップとバストに着けただけのもの。人前でそんな恥ずかしい格好をしたことは、日本にいる時はもちろん、ここアボガドにきてからも一度もなかったし、あなたの日本の両親がこのことを知ったらきっと卒倒してしまうでしょう。そしてあなたは、人前であんな格好をして踊るくらいなら、もう死んでしまいたいと思っています。でも、島の法律でアボガド踊りを卒業式で踊らなければ卒業できないし、卒業できなければ校則で退学になってしまいます。そうすれば、日本の大学への進学もダメになるし、何よりもあなたの帰りを楽しみに待っている彼と両親を悲しませることになるでしょう。

このアボガドに憧れて留学したあなたの選択は間違っていたのでしょうか。それとも、島の伝統文化のアボガド踊りが卒業必修であることを知らなかったあなたが無知だったのでしょうか。踊るべきか、踊らざるべきか、まるでハムレットみたいですけど、どうしたらいいのでしょう。

■何が問題か

伝統文化のアボガド踊りを拒否して高校を退学するか、それともアボガド踊りをみんなの前で踊って無事卒業するか。これは何も遠い南の島の架空の話ではありません。「アボガド踊り」を「武道」に読み替えれば、同じことが後述するように、今から数年前、日本の高校で実際にありました。

恥ずかしい思いをちょっと辛抱して、卒業式で「アボガド踊り」を踊ることも、体育で「武道」をすることも、当事者以外にとってみればたいした問題ではありません。踊ろうが踊るまいが、武道をしようがしまいが、「南の島のあなた」と武道を拒否する「エホバの証人(ものみの塔聖書冊子協会)」の信者以外の人にとっては、どうでもいいことかもしれません。でも、これは当事者にとっては大問題です。そして、スポーツを倫理する私たちにとっても、見過ごすことのできない大きな問題でもあります。

自分の生き方やライフ・スタイルに合わないので、踊らなかったり、武道をしないからといって、なぜ進級できなかったり、退学させられなければならないのでしょうか。「アボガド高校の生徒だったら踊るべきだ」、あるいは「日本人なら武道をすべきだ」という大多数の声のなかで、それらを拒否する少数者の権利は無視されてもいいのでしょうか。そしてまた、「アボガド踊り」や「武道」が必修である根拠は、いったい何によるのでしょうか。

「エホバの証人」の武道拒否をめぐる問題は、まず第一に、スポーツにおける少数者の立場をどのように考えるべきかを提起します。そして第二に、現実の日本で学習指導要領が法的拘束力を持つ以上、武道教材の学習拒否は、国による公権力と個人の学習権のどちらが優先されるべきかという根本的な問題の再考を促します。と同時に、武道という教材の教育的価値も問われなければなりません。

そしてまた、スポーツ文化の花盛りの下で、スポーツをする権利、つまり「スポーツ権（スポーツの自由権と社会権）」の主張は数多くみられますが、それとは逆の、スポーツをしない権利、つまり「スポーツ拒否権」が存在するのか否かという重要な問題提起も含んでいます。

さてここでは、これらの問題点を頭に刻んで、まずは事実を明らかにするために、「エホバの証人」の武道拒否の裁判が最高裁まで持ち込まれた事例を追ってみたいと思います。

■「エホバの証人」の武道拒否

一九九〇年四月、「エホバの証人」の信者である五人の生徒が市立神戸工業高等専門学校（以下、「高専」と略す）に入学しました。ちょうど彼らが入学した年から、同校では武道場を備えた体育館が完成したため、剣道が必修になりました。この五人は、剣道が聖書の教えに反するとの理由で剣道実技を拒否し、それに代わる見学やレポート提出などの代替措置を学校側に願い出ました。しかし、代替活動は認められず、結局五人の生徒は必修の体育の単位が取れずに留年しました。留年に至る過程では、同校の教師から当該の生徒に対して、「学校のいうことをきけないのなら、学校をやめてしまえ」「(剣道をしなければ)体育の他のことでいくらがんばっても単位は出せない」といった感情的発言があったようです。

一九九一年四月、五人の生徒は学校を相手どり、「留年処分は憲法で認められた信教の自由と教育を受ける権利に反する」として神戸地方裁判所(以下、「地裁」と略す)に訴訟を起こしました。訴訟中も授業が受けられるように、留年処分の執行の停止を神戸地裁、ついで大阪高等裁判所(以下、「高裁」と略す)に申し立てましたが認められませんでした。一九九一年度の剣道実技も五人は再び拒否しましたが、三人は他の実技などの総合判定の結果、進級でき、残る二人は再び不合格となりました。二年連続の留年は退学処分にするという学則によって、二人のうちのひとりは学校のすすめた自主退学を選び、それを拒否した他のひとりは退学処分となりました。

五人の生徒が最初の訴訟を起こしてからほぼ二年後の一九九三年二月二十二日、神戸地裁から判決が下されました。地裁判決は、「剣道はそれ自体、宗教とまったく関係のない性格をもつ健全なスポーツとして一般国民の支持を得ている」ので、「学校が文部大臣から示された教育課程の標準を参考にし、……剣道を体育の必修種目としても、その措置自体には何ら裁量権の逸脱を認めることができない」[1]というものでした。そしてレポートなどの代替措置による進級では、特定の宗教上の理由によって有利な取り扱いをすることになり公平ではないので、留年や退学という「同校の各処分は憲法に違反しない」2) という学校側を支持する結論でした。

五人はただちに大阪高裁に控訴し、控訴審の進行中に争点を明確にするため（三人はすでに進級し、残りのひとりは自主退学したため）、退学処分以外の四人は訴えを取り下げました。大阪高裁は、一九九四年十二月十二日、「学校側は教育的配慮にもとづき剣道実技の授業にかかわる措置をとるべきだった」とし、「処分は裁量権を著しく逸脱しており違法」とした判決を下しました。そして、一審の神戸地裁判決を取り消して、学校側の留年・退学処分を取り消す原告逆転勝訴をいいわたしました3)。

この判決では、五人の生徒が入学以前には剣道以外の種目も選択できるようになっていたこと、レ

留年・退学取り消し判決

「信教の自由」を尊重

教育機関へ配慮を促す

解説

大阪高裁で二十二日、原告側逆転勝訴が言い渡された「エホバの証人」をめぐる留年・退学処分取り消し請求訴訟は、個人の宗教的な信念と世俗的なルールが衝突した場合、どのような調整をすべきかが問われた裁判だった。

「信教の自由」は思想・信条の自由とともに、心の内面では無条件に保障されなければならない権利だ。しかし、社会とのかかわりにおいては、必ずしも絶対的なものではなく、公共の福祉などの側面から制限が加えられる場面も出てくる。

学界では、制限が許容されるためには①制限の必要性②制限の程度③制限にかかわる代替措置の有無――などの基準をクリアすることが必要との見解が示されている。

一審判決は、学校側の主張に沿う形で、「剣道は健全なスポーツ」という前提のもと、他の種目で頑張れば進級は可能だから、信教の自由に対する制約の程度は低いと判断。リポート提出などの代替措置で単位を認めれば、宗教上の理由で有利な取り扱いをすることになる、とした。

しかし、この判決では「なぜ剣道でなければならないのか」という根本的な疑問については、明確な判断が示されなかった。法学者の間では、「剣道をスポーツとみる多数者の感覚に立脚し、少数者を排除している」など、批判的な意見が多かった。

この日の大阪高裁判決は、剣道に代わる措置の必要性に関して「学校側は十分に検討を尽くしていなかった可能性が高い」と指摘。実際に代替措置がとれるかどうかについても、「学校側は頭から検討のらち外に置いていた」と、その対応を批判した。生徒に対する教育的配慮を重視し、「信教の自由」を可能な限り尊重していこうという判断が読み取れる。

憲法が「信教の自由」を保障する眼目は、社会の中で不利な立場に置かれた宗教的少数者を保護することにある。大阪高裁判決は、こうした憲法の原則に立ち返り、その重要性を改めて示したものといえる。

（扇谷　純）

勝訴の喜びを話す小林邦人さん＝22日午後1時45分、大阪市北区の司法記者クラブで

原告の勝訴を伝える新聞記事

(1994 年 12 月 23 日、朝日新聞)

ポートなどの代替措置では教育効果をあげることができないとまではいえないこと、留年・退学処分は生徒たちの被る被害が甚大であることを原告支持の理由にあげ、実際に代替措置がとられるかどうかについても、学校側は頭から検討の埒外《らちがい》に置いていたと学校側の対応を厳しく批判しました[3]。

大阪高裁の判決後、学校側はその判決を不服とし、最高裁に上告しました。そして一九九六年三月八日、最高裁第二小法廷で上告審判決がいいわたされました。最高裁は「高専で剣道実技が必須のものとはいえず、他の種目を履修させるなど代替措置を取ることなく留年・退学処分をしたことは裁量権の範囲を超え違法」と述べ、生徒の主張を認めた大阪高裁判決を支持し、学校側の上告を棄却しました[4]。

今、ここに述べたことが、「エホバの証人」の信者の武道拒否をめぐる一連の裁判経過ですが、この経過を追ううち強く感じたことは、信仰心に支えられた冷静な高校生たちと、それに比べ感情をアラワにしたオトナげない学校側の対応という構造でした。学校側は一貫して、「エホバの証人」の特別扱いを認めると憲法の政教分離や平等原則に違反し、他の場合でも代替措置を求める声が出て学校の秩序が維持できなくなると主張してきましたが、「寛容」よりも、少数者を抑圧してでも「秩序」を選ぼうとする学校の在り方そのものに、現代の学校現場の病理を垣間みる思いがします。

■なぜ武道を拒否するのか

ところで、彼らがなぜ留年・退学処分を受けてまでも武道を拒否したのか、そのことを知っておかなければなりません。というのも、前述の高専の事例でも、学校側の無知が結局のところ双方の誤解を増幅させたと思えるからです。

彼らが信仰する「エホバの証人」の正式名称は「ものみの塔聖書冊子協会(Watch Tower Bible and Tract Society)」というものですが、一八七〇年代初めにアメリカ人ラッセルが始めた聖書研究グループが母体で、一九九九年現在、世界の二百三十四ヵ国・地域、百四支部で合わせて約五百九十一万人、日本で約二十二万三千人の信者がいるといわれています[5]。

彼らの信仰は、協会が発行する協会独自の『新世界訳聖書』をもとに、聖書解釈のための『目ざめよ!』[6]『ものみの塔』[7]という機関誌の徹底した学習によって培われます。信者は、これらの共通テキストを世界中で同じ期間に、信者の家か教会に相当する「王国会館」に集まって毎週二回程度学習するなかで、徹底的に教義を学ぶことになります。

信仰の特徴は、まもなく世界最終戦争を意味する「ハルマゲドン」がきて、唯一の最高神エホバによって選ばれた者だけが神の国「千年王国」に召され、永遠の命を約束され真の平和が実現するというものです。つまり、信者にとっては、ハルマゲドンを通過して「神の王国」である楽園に生き抜くためには、聖書の教えを徹底的に守り、その教えと自分の「行い」を一致させることが何よりも必要ということになりますし、その教えを破ることは永遠の命を失うことになるわけです。

では、どのような「行い」をすべきか、それは聖書の記述のなかにあります。特に強調されるのは神の唯一の組織である協会への忠誠と訪問伝道です。だから、聖書と組織を絶対的なものとし、聖書に輸血が禁じられている（創世記九・四、使徒十五・二十九）と解釈すれば、たとえ輸血を拒否することによってこの世で命を亡くしても、永遠の命を選択すべしとなるわけです。

そして「神の王国」こそが唯一の政府で、その真の政府を実現しようとする地上の「エホバの証人」の組織もまた神権的かつ絶対的と考えるわけですから、現実の政治組織への関わりは否定されるようになり、政党への加入はもちろん、選挙の投票や国旗掲揚・国家斉唱も禁止されています。このように過度な伝道活動や政治的不参加、輸血拒否に代表されるように、一般的な社会的常識と比べれば、「エホバの証人」の組織規範はきわめて実践的・禁欲的な宗教倫理が確立されているように思えますし、ある意味では独善的・排他的にもみえる部分があるように思えます。

さて、武道拒否に関しては『新世界訳聖書』の次の記述が根拠とされています。

「そして、神は諸国民の中で必ず裁きを行ない、多くの民に関して事を正される。そして、彼らはその剣をすきの刃に、その槍を刈り込みばさみに打ち変えなければならなくなる。国民は国民に向かって剣を上げず、彼らはもはや戦いを学ばない（イザヤ二・四）」「できるなら、あなた方に関する限り、すべての人に対して平和を求めなさい（ローマ人への手紙十二・十八）」。

これらの聖句によって「エホバの証人」の信者は、良心的に武道に関わることができないと主張します。別言すれば、聖書の教えに反して武道を行うことは、自ら信仰を捨てるということになり、永遠の命を放棄することになるわけです。だから武道への参加は、輸血拒否にみられたと同じように、現実の生命よりも尊いと考える永遠の命を亡くすことになるわけですから、どんなことがあっても行うことができないと考えます。

■こんな社会が好き！

私たちの社会には、さまざまな少数者がいますが、そうした少数者の声にどれほど耳をすますことができ、社会の多様性を容認できるのか。「エホバの証人」の武道拒否の問題は、単に教育の場での「信教の自由」に関してだけではなく、私たちの社会そのものの質を考えさせる試金石だと私は思います。

私は個人の生き方や理想・信念に関する選択は、彼（もしくは彼女）が主体的に、自分自身の責任で合理的に判断し選び取ったものであり、だからこそそれは「寛容」の対象とされるべきで、たとえ社会にとって異質なものであっても容認されることが必要なのだと思っています。自分とは異質の存在を認めない「不寛容」が社会にはびこれば、差別や拘束、強制が大手を振ってまかり通り、多様性を認めない画一的・一元的な息苦しい社会になってしまうでしょう。社会の大勢に画一的に順応し服従することは、自律的主体でありつつ自由な選択者としての人間の地位を自ら否定することになるのではないでしょうか。

異質を認め、活発な議論で合意を見い出し、相互に自律した個人が主体的にともに生きる、そんな明るくさわやかな社会が望ましいと思います。そして、「共生」というスローガンだけがひとり歩きし、現実には人と違う個性的なものをいっこうに受け入れず、自分たちと異質なものを拒む、そういう日本社会の基底にある病理が今という時代に噴き出していると思えるからこそ、「エホバの証人」の武道拒否から多くを学びたいと思います。

「なんと大げさな！」と笑われるかもしれませんが、盲目的にスポーツを善とする「スポーツ教」と呼べるものが社会に蔓延し、だれもがスポーツに駆り立てられるそんな社会、私はそんな不自由な社会も望んでいないこともつけ加えておきます。だから、スポーツ権の大合唱のなかで、たとえ少数ではあっても、「スポーツをしたくない」と考えている人が現実にいる限り、「スポーツ拒否権」もあるのだということをしっかりと肝に銘じておきたいと思います。

それにしても、このような重要な問題を含んだ「エホバの証人」の武道拒否をめぐっては、不思議なことに、もう一方の当事者である体育の教員からも、あるいは体育・スポーツ関係者からもほとんど発言がないのはどうしてでしょうか。

（友添秀則）

［注］

1) 朝日新聞　一九九三年二月二十四日付。
2) 『目ざめよ！』、一九九五年十月八日号、一二頁、ものみの塔聖書冊子協会。
3) 朝日新聞　一九九四年十二月二十三日付。
4) 朝日新聞　一九九六年三月九日付。
5) 「１９９８エホバの証人の年鑑」および「ものみの塔・二〇〇〇年一月一日号」を参照。
6) 『目ざめよ！』は、二〇〇〇年四月現在、八十二言語で発行され、毎号の平均印刷部数は二千三十八万部である。
7) 『ものみの塔』は、二〇〇〇年四月現在、百三十二言語で発行され、毎号の平均印刷部数は二千二百四十万部である。

「目ざめよ！」と「ものみの塔」の二つの機関誌は、前者が日常生活の諸問題に対して、具体的な指針を示すことを目的にしているのに対し、後者は教義に関するものを多く扱っている。

【参考文献】

○『エホバの証人』と教育、ものみの塔聖書冊子協会、一九九五年。
○『エホバの証人―神の王国をふれ告げる人々』、ものみの塔聖書冊子協会、一九九三年。
○S・メンダス、谷本光男他訳、『寛容と自由主義の限界』、ナカニシヤ出版、一九九七年。
○高橋豪仁、「『エホバの証人』の武道拒否に関する考察」、体育・スポーツ社会学研究9、一九九〇年。

4・「国籍」って何？　―在日韓国・朝鮮人とスポーツ―

■「力道山」という原風景

どんな人にも、自分の心のなかだけの「原風景」みたいなものが必ずあるのではないでしょうか。それは自分の一番最初の記憶。幼いころ、お父さんがしてくれた肩車からみえた風景、友だちと夕日の川原を家路に急いだ幼い日の記憶など……。

私の「原風景」はロマンチックではないけれども、白黒のテレビ画面から流れ出るプロレスラー「力道山」です。黒のタイツに身を包み、金髪の流血鬼ブラッシーに果敢に空手チョップを浴びせて

大相撲からプロレスに転向し、大活躍した力道山（毎日新聞社提供）

いる雄姿が、小学校にも入らない幼い私の脳裏になぜか焼きついてしまったのです。昭和二十年代後半から三十年代後半にかけて流星のように現れたこのヒーローは、日本の戦後復興、高度経済成長を象徴するかのようにリングで大暴れし、まさに時代を駆け抜けていきました。そして、この原風景が心に浮かぶたびに、私の頭のなかには「どのような国、あるいは個人についてであれ、人種、宗教もしくは政治を理由として差別してはならない」というオリンピック憲章の第一章第三条の空々しい条文が、いつのころからか同時に浮かぶようになりました。

一九二二年、力道山は戦前の日本の統治下にあった朝鮮で生まれました。そして渡日して一九四〇年に大相撲入りし、さまざまな辛酸をなめつくして「大関」目前の「関脇」で自身のマゲを切り、プロレスに転向したことを知ったのは、たしかもう少し大きくなってから観た力道山自身が演じた『力道山物語』という映画や彼の伝記を読んでのことでした。

大相撲時代はもとより、プロレス転向後も日本のヒーローは日本人であることが望ましいと考えたスポンサーの意向に従って、彼は生涯、自らの生い立ちをいっさい明かさず、「一九二四年、長崎県大村市生まれの本名、百田光浩」で通したといいます。

朝鮮籍の力士が、筆舌に尽くしがたい差別と闘いながら関脇でいかに勝ち越しても、当時の国技・大相撲で大関になれようはずもなく、これが力士廃業の引き金になったようです。また、プロレスで希代の富と名声を獲得した後でも、彼は夜の街で酒に泥酔し暴れることがたびたびあったといいます。それは、生涯、自らの生い立ちを隠し通さざるを得なかった心情や差別に対する憤りの代償だったのでしょうか。東京オリンピック前年の年の瀬、赤坂のナイトクラブで腹を刺され死ぬ間際、彼は何を思ったのでしょうか。

力道山がスポーツの世界で味わった在日韓国・朝鮮人（在日コリアン）に対する民族的な差別は、残念ながら今でも、スポーツへの参加資格である「国籍条項」という形で、日本のスポーツ界に残っています。競技力が高くとも、在日韓国・朝鮮人であるという理由だけで、多くの優秀な選手や高校生が永らく国体やインターハイ（高校総体）に出ることができませんでした。また、プロスポーツの一部でも、後で触れるように、国籍による同様の差別があります。

人間の平等を侵害し、その尊厳を傷つける「差別」は、倫理的にどのような立場に立とうとも、決して擁護できるものではありません。ここでは、スポーツを倫理する私たちが、決して避けて通ることができない在日韓国・朝鮮人とスポーツにおける差別を考えてみます。

■「一条校」という名の障害

「学校とは、小学校、中学校、高等学校、大学、高等専門学校、盲学校、聾学校、養護学校、および幼稚園とする」。これは、学校教育法第一条の条文です。こんな当たり前のことを書いた条文は、私自身の経験からいえば、教員採用試験の準備の時にみるぐらいで、記憶にすら残らないものです。この法律の名前だけは聞いたことがある、という人がいるかもしれませんね。でも、このなんでもない法律の条文に、悔し涙を流してきた多くの人たちがいます。

表2に示したように、高体連が主催する全国高等学校総合体育大会（以下、「インターハイ」と略す）には一九九三年度まで、中体連が主催する全国中学校体育大会（以下、「全中」と略す）には一九九六年度まで、全国に十二校ある朝鮮高級学校（朝高）や五十六校ある朝鮮中級学校（朝中）の生徒は予選すら参加することができませんでした。そして現在でも、「国体」には、朝鮮学校の在校生や卒業生は参加・出場できません。

それはなぜか。民族教育を実施する朝鮮学校は、先に記した学校教育法に規定された「一条校」ではないからです。インターハイや全中出場の前提となる全国高体連（全国高等学校体育連盟）や中体連（日本中学校体育連盟）への加盟資格は、「一条校」に限られています。また国体の場合、一九九

表2　国体・インターハイの参加資格をめぐる動向の変遷

	西暦年	関　係　事　項
国民体育大会	1981	国体の「日本国籍を有するもの」という資格に、一条校に在籍する「高校生に限り、国籍を問わない」という付則規定が加わる。
	1988	国体の参加資格の付則規定に一条校に在籍する中学生が加わる。
	1990	国体の参加資格の付則規定に一条校に在籍する大学生(留学生を除く)が加わる。
	1995	○大阪府が「国体開催県主催者連絡会議」で文部省、日本体育協会に国籍条項を定めた「国体開催基準要綱細則」の見直しを要求。 ○大阪府、国籍条項撤廃を求める報告書作成。 ○大阪、神奈川、広島の三府県が、外国籍住民の国体への参加を求める要望書を提出。
	1997	国体の参加資格の付則規定に「日本の学校(一条校)に在籍した選手は、卒業後も出場できる」が加わる。
インターハイ	1990. 4	大阪朝鮮高級学校バレーボール部、手続きミスで大阪府春季大会出場。女子チーム一次予選通過。
	1990. 5	大阪高体連から「加盟受け付けは勘違い。次の大会から出場できない」との通知。
	1990. 6	6月以降、全国12の朝鮮高級学校が各地の高体連に加盟申請書を提出。
	1990. 11	○大阪高体連が全国への予選を兼ねない府の大会への参加を1991年度から特例的に認めると決議。 ○全国12校の朝鮮高級学校校長会が高体連へ加盟申請書提出。 ○東京、茨城の朝鮮高級学校の各サッカー部監督が日本弁護士連合会に人権救済の申し立て。
	1991. 1	○大阪府下の朝鮮中級学校5校が大阪中体連へ加盟申請書提出。 ○神奈川朝鮮高級学校軟式野球部が神奈川高野連に加盟申請書提出。神奈川高野連、申請書を受理。
	1991. 3	日本高野連、神奈川朝鮮高級学校の大会参加を認める。「外国人学校の参加に関する特別措置」を決定。
	1992. 10	日弁連、全国高体連および文部省に朝鮮高級学校の加盟を求める要望書を提出。
	1993. 5	全国高体連、理事会で朝鮮学校を含む各種学校、専修学校のインターハイへの参加を認める方針を承認。
	1994. 5	広島県高体連、朝鮮学校を一条校に準ずる学校と認め、全国に先駆けて実質加盟と同様の広島朝鮮高級学校の「準加盟」を承認。
	1994. 7	7月31～8月24日までの富山インターハイに、高体連加盟校以外の朝鮮高級学校や高専からも36選手が出場。
	1996. 3	日本中体連、97年度から朝鮮中級学校の全国中学校体育大会への出場を特例として認める決定。
	1996. 11	全国高体連秋季理事会で、97年度から朝鮮高級学校などの未加盟校の選抜大会の全競技への参加を確認。
	1998. 8	岩手インターハイ重量挙げ(94キロ級)で、北海道朝鮮高級学校の朴徳貴選手が個人種目初優勝。また、団体種目で初めて大阪朝鮮高級学校がサッカーに出場。

七年の大阪の「なみはや国体」から、参加資格の付則規定が変更され、日本国籍を持たない者でも国体に参加できるようになりましたが、あくまで一条校に在籍したことがある者に限られているからです。だから同じ在日コリアンでも、一条校の日本の学校に通っている人はインターハイや国体に参加できるのに、朝鮮学校に通っている人やその卒業生は参加できないという奇妙な現象が生じることにもなります。またそれ以上に、国体で天皇杯をめぐってまさに文字通り「外人部隊」として活躍したこともある外国からの高校留学生が、インターハイや国体に参加できるのに、日本で生まれ育った在日コリアンが参加できないことにもなります。

現在、日本にはおよそ百四十八万人の在日外国人がいますが、そのうちの約六十四万五千人が在日韓国・朝鮮の人たちです。そして五十六万人の在日コリアンが永住資格を持って私たちとともに生活をしています(一九九七年末・「在留外国人統計」による)。在日コリアンの児童・生徒数は約十六万人ですが、二万人足らずの子どもたちが朝鮮学校に通い、その他の子どもたちの多くは本名を名乗ることなく、通名(日本名)で日本の学校に通学しています。まだまだ、在日コリアンが本名で日本の学校に通学するには厳しい現実があります。

そして、北朝鮮の核開発疑惑やミサイル発射疑惑に代表される事件が起こるたび、朝鮮学校生への嫌がらせ、暴言・暴行が頻発します。悲しい事実ですが、このようにいつの時代でも、何か契機があれば、在日コリアンを差別する構造が、そしてこの国の「病」が日本社会の基底には横たわっています。

学校教育法によれば、朝鮮語で民族教育を行う北朝鮮系（朝鮮総連系）の朝鮮学校[1]は、「第一条に掲げる以外」の「各種学校」[2]ということになります。だから、一条校のように高校や中学校と名乗ることができずに、やむをえず耳慣れない高級学校や中級学校という校名を採用しています。そして、朝鮮中級学校や朝鮮高級学校という名前が示す通り、朝鮮学校は先の学校教育法第一条が認める「学校」ではないということになります。

表2に示したように、スポーツの世界では一条校という重いトビラは開かれつつありますが、今でも国立大学や多くの公立大学への受験は認められていません。つけ加えれば、韓国系（民団系）の学校の場合、主に大使館職員の子どもたちが通う東京韓国学校を除いて、大阪にある二つの学園3)は日本の学習指導要領に従ったカリキュラムを採用した一条校になっています。

在日コリアンが日本で一番多く住む大阪で生まれ育った私は、不覚にも朝鮮学校をめぐるこのような事実も、あるいはまた在日コリアンが永らく国体やインターハイに出場できなかった事実もほとんど知りませんでした。一九九一年の三月初旬、春まだ浅い大阪の南海電鉄・難波駅前で、大阪朝鮮高級学校の男子生徒やチマ・チョゴリの制服姿の女子生徒たちの高体連加盟を求める署名活動を偶然みるまでは……。その時の私の未熟な質問に、一生懸命答えてくれた朝高生の横顔を思い出すたびに、体育・スポーツの研究者を自認していながら、その時まで在日コリアンのスポーツ差別の実態を知らず、そして自分の意識のなかからこれらのことをスッポリ抜け落としてきた私は、穴があったら入りたいと思ったことを今でも鮮明に覚えています。と同時に、知らないということは、恥ずかしいことであり、時には罪であるということも思い知らされました。情報不足や理解不足が誤解や偏見を生み出す温床になるのですから、知らないではすまされないと思います。

なぜ、多くの在日コリアンが日本に定住しているのか。なぜ、日本の各地にこれほど多くの朝鮮学校があるのか。納税をはじめとした住民としての義務を果たしながらも、地方参政権や公務員の採用などで、彼らの多くの権利がなぜ侵害されているのか。彼らのスポーツ参加権がなぜ侵害されてきたのか。これらの事実を、私たちは同じ地域の住民として知らなければなりません。そして、私たちにはそれらの障害や問題の解決に努力していく義務があると思います。

■国際化の「質」が問われる問題

「日本の高校は日本の高校だけで大会をやるべきだ。純粋なのがいい。外国人学校を入れるのなら、別の組織を作るのが筋だ。」「まず専修学校、各種学校全体に枠を広げ、その結果として朝鮮学校が入ってくるのは構わない。順序が逆だ。」「国体は名称の通り、日本国民つまり日本国籍を持つ人による大会だ。それを変えれば、もはや『国体』ではなくなる。」「開会式に天皇も出席する国体で、なぜ外国人の参加を認めるのか。」「韓国の国体は外国人の参加を認めていない。日本側だけ門戸を開くのは、相互主義の観点からおかしい。」

これらの主張は、国体やインターハイから在日コリアンを排除するために用いられてきたものです。

ここには感情の表明はあっても、だれをも納得させる一貫した論理が欠如していると感じるのは私

朝鮮高級学校、6年目の悲願

―― 高校総体 ――

サッカー大阪代表　団体競技で初めて

念願の全国大会出場を決め、抱き合って喜ぶ大阪朝鮮高級学校の選手たち＝6日午後、大阪府高槻市萩谷の萩谷総合公園サッカー場で

全国高校総合体育大会の予選となる大阪高校春季サッカー大会の決勝リーグ最終戦が六日、大阪府高槻市で開かれ、在日朝鮮人らが通う大阪朝鮮高級学校（東大阪市）が初優勝した。八月に岩手県で開かれる全国高校総体に大阪府代表として出場する。朝鮮高級学校は一九九四年に高校総体への門戸が開かれ、各競技団体が開く全国規模の大会にも相次いで参加できるようになったが、団体競技として は今回が初の全国大会出場となる。（26面に関係記事）

この日は、上位四校による決勝リーグの二試合があり、金光大阪高校を2―0で破った大阪朝鮮高級学校が一位に。大阪府には二校の出場枠があり、二位の北陽高校とともに代表の座を勝ちとった。

学校教育法で「各種学校」とされている朝鮮高級学校は、長らく全国大会への出場が認められなかった。運動の成果もあって日本高野連が九一年度から外国人学校の大会参加を認め、全国高校体育連盟は九四年から高校総体の門戸を開放した。その後、参加を認める競技団体が増え、サッカーでは九六年から全国高校選手権への参加の道も開けた。

朝鮮高級学校の生徒はすでにボクシングなどの個人競技では全国大会出場を果たしているが、サッカーは在日朝鮮人にとって思い入れの深いスポーツ。この日も保護者やOBらがスタンドに詰めかけ、悲願の達成を喜んだ。

この日は神戸市でも全国高校総体の予選を兼ねた兵庫県高校総体のサッカー決勝があり、初めて決勝に進んだ神戸朝鮮高級学校（神戸市）が全国大会出場（一校）をかけて滝川第二と戦ったが、4―0で敗れた。

高校総体の大阪代表となった朝鮮高級学校チームを報じる新聞記事

（1999年6月7日、朝日新聞）

ひとりでしょうか。すでに五世代あるいは六世代にわたって生活する人たちを、そして日本での永住を決めた人たちを、一時滞在者のように「在日」と呼ぶことの不思議さを感じるのは私ひとりでしょうか。

たとえば、韓国の国体に日本人が出場できないから日本の国体にも在日コリアンは参加できないとする「相互主義」が成立するのは、韓国の在外邦人（韓国在住の日本人）と在日コリアンが同じ条件下にある時にだけ成立することです。在日コリアン五十六万人は、戦前の日本の強制連行の結果、さまざまな事情で日本に住まざるを得なかった人たちであり、したがってこの場合、「相互主義」は適用すべきではありません。

現代倫理学に大きな影響を与えつづけているR・M・ヘアーは、相手と立場を入れ替えてみて、自分がこう扱われると不当だと思われる扱いは悪だといいます。だから今あなたが、在日コリアンの立場に立ってみて、自分が不当だと思えることは倫理的に間違っています。日本人得意の「みんな一緒」あるいは「同化や帰化」を求めるのではなく、お互いの相違点を認め合ってともに生きること、それが今、私たちに求められている国際化なのではないでしょうか。

ところで、私たちの身近なスポーツの多くは、近代という特殊な時代に創られてきたものです。そこでは、金持ちだから得点が二倍になることもないし、黒人だから打順が回ってこないということも絶対にありません。スポーツは結果の平等は保障しなくとも、機会の平等はどんなことがあっても保障します。つまり、近代スポーツはだれもが公正かつ平等に扱われることが前提になっている文化です。だから、近代スポーツは主にそれを創造したイギリスの新興ブルジョアジーの手を離れ、特定の身分や階級や民族の壁を超え、世界中の人たちに瞬く間に受け入れられたわけですし、グローバル・カルチュアーとして世界を席巻し得ました。

日本ではポストモダンが声高に叫ばれています。しかし、日本のスポーツ界には、住民としての義務を果たしながらも、スポーツ参加権が保障されないという、いまだモダンのレベルにさえ達していない事実があることも自覚しておかなければなりません。

この在日コリアンとスポーツ参加権の問題は、日本のスポーツ界の国際化の質を問う重要なことがらです。朝鮮高級学校や朝鮮中級学校が「準加盟」から正式「加盟」できる日、定住外国人のだれもが国体に参加できる日、日本のスポーツ界に風穴がまたひとつ開くことになります。差別のない社会、そんな社会はだれにとっても住みよい社会なのだということを、スポーツの世界から発信していきたいと思います。

■スポーツにおける国籍を再考する時

サッカーのJリーグには、各チームひとり分のいわゆる「在日枠」[4)]がありますが、ここでも一条校を出ていることが条件になっています。また大相撲では、一九九二年五月の師匠会の「外国出身力士を自粛する」との申し合わせを受けて、一九九八年六月までの六年間、外国出身者の入門はひとりもいませんでした。理事会で外国出身力士は各部屋二人までの内規が定められています。そして現役引退後、親方になるには日本国籍を持っていることが条件になっています。元小錦や曙の帰化はまだ記憶に新しいですよね。

「相撲は、日本の国技だから日本人でないとダメだ」。「相撲は、神事に関わるから日本人以外ダメだ」ということでしょうか。でも、情報化時代の今、タイガースの野茂投手やロッキーズの吉井投手のように、あるいはエクスポズの伊良部投手のように、大リーグで野球をやってみたいと考える日本人選手がいるのと同様に、「相撲をやってみたい」と考える外国人がいるのも当たり前です。

サッカーW杯の出場資格は、その国のパスポートを持っているかどうかが基準です。たとえば、二つのパスポートを持っていればどちらでも出場できます。日本では国籍はひとつしか認められていませんが、ヨーロッパでは二重国籍を認めている国が多くあります。

二十世紀のスポーツは、オリンピックの隆盛にみられるように、ナショナリズムを基盤とした国家対抗形式の国民国家を前提にしたものでした。そこではスポーツマンシップの名の下に、国家の威信を発揮することが求められました。でも地球市民を担い手として、スポーツパーソンシップに支えられた二十一世紀のスポーツには、法律的な国籍はまったく関係がないと考えます。今こそ、これまで私たちを縛ってきた、スポーツにおける「国民」や「国籍」を考えなおしてみる時だと思います。ジョン・レノンが歌った「イマジンの世界」が、二十一世紀の新しいスポーツの在り方を示唆してくれています。

♪Imagine there's no countries　（想像してごらん、国境なんてないんだと……）
It isn't hard to do　～♪　（それはそんなにむずかしいことじゃない……）

〈LENONN LEGEND、東芝EMI〉

（友添秀則）

[注]

1)北朝鮮系の朝鮮学校は、全国に朝鮮初級学校から朝鮮大学校までの総計百五十二校がある。
2)学校教育法、第八十三条の規定による。
3)白頭学院建国小・中・高校と金剛学園小・中・高校とがある。
4)外国籍扱いをしない非日本人選手枠のことである。

[参考文献]

○矢野　宏、『在日挑戦』、木馬書館、一九九五年。
○空野佳弘・高　賛侑編、『在日朝鮮人の生活と人権』、明石書店、一九九五年。
○金　賛汀、『甲子園の異邦人』、講談社、一九八八年。
○R・M・ヘアー、山内友三郎訳、『自由と理性』、理想社、一九八二年。

第5章

スポーツと暴力の倫理学

1・愛は暴力を超えられるか——運動部活動における体罰を倫理する——

■体罰は学校教育法で禁止

体罰には「よいか、悪いか」という是非論はなく、体罰は行ってはいけない行為です。その理由は、現行の学校教育法第十一条の学生、生徒、児童の懲戒に関する規定、「校長及び教員は、教育上必要があると認めるときは監督庁（文部大臣）の定めるところにより、学生、生徒、及び児童に懲戒を加えることができる。ただし体罰を加えることはできない」と明記されているからです。法律で禁止されているから行ってはいけないと主張することもできますが、立法の趣旨を理解すれば、体罰を行わないことが当然なのです。つまり、体罰は暴力であり、人間としての権利をおかすものであり、人間を人間として扱わないことの現れだからです。

しかし、教師のなかには、「体罰は生徒自身のことを考えた愛だ」という人がいます。体罰は、運動部、授業、学校行事、修学旅行等々をはじめ、生活指導(遅刻、喫煙など)の場面で行われますが、ここでは運動部活動の場面に焦点をあて、本当に愛があれば、たとえ法律で禁止されていても、体罰は認められるかどうかを考えてみましょう。ただし一言つけ加えますと、私は他の生徒や人に危害を及ぼすような反社会的行為場面における実力行使を完全に否定していません。そのために、以下は運動部活動の場面に限定した議論を展開しています。

■体罰場面と顧問教官への手紙

私的なことですが、私自身が数年前に体罰場面に遭遇し、体罰を行った顧問教官に手紙（一部省略）を出したことがあります。そのなかに私自身の体罰禁止理由が凝縮されています。これを材料にして体罰問題を考えていただきたいと思います。

突然、お手紙を差し上げる無礼をお許しください。ここ三日間、どのような形で先生にお話すべきかを考えました。結局、直接、先生に手紙を差し上げることにしました。

先日、C中学校で一年生のサッカーの大会が行われました。私の息子はB中のサッカー部員で、先生が指導されているA中とのゲームにも出場していました。当然、覚えていらっしゃると思いますが、試合結果は、三対三の引き分け、その後のPK戦でA中が勝ちました。私はすぐそばでこの試合を観戦していました。

どうしても納得いかない行為は、PK戦の前に先生が生徒に対して（GKの生徒だったと思いますが）行った平手打ちの体罰行為です。正直申し上げて、現在の先生には、生徒にスポーツを教える資格・品性がありません。試合中の先生の罵声的言動は、聞くに耐えない、教師としての品性に欠けるものです。勿論、先生の表面的な熱心さは感じますが、人間としての最低限の資質に欠けている人は、人に教える資格はありません。今の社会では、正当防衛以外に、相手を殴ることは許されないからです。

もともと教師と生徒との間の力関係は対等ではありません。生徒は弱い立場にいます。弱い立場を逆手にとって、生徒に暴力をふるうことは言語道断です。生徒は先生を選べないこと、この点を教師は肝に命じなければなりません。暴力行為を含む先生の指導方針についていかれなければ、大好きなサッカーをやめるか、その暴力指導をじっとがまんするしかありません。

法律上、教師の体罰は認められていません。もし殴られた生徒が私の息子だったら、間違いなく、あなたを告訴して免職に追い込み、教師職から追放するまで戦います。暴力教師は人を教える資格がありません。恐らく、先生は自分の行為が暴力とは思っていないでしょうが、熱心さゆえに体罰が許されるはずがありません。~(中略)~今のスポーツ界で体罰が行われている事実は否定できませんが、これは決して正常な姿ではありません。全く不愉快きわまりない現状だと思います。私は入学してきた学生にいつもいいます。「君たちの周りに、どれだけ大勢のスポーツ好きの子が、指導者の体罰によって辞めていったかを考えてみなさい」と。生徒に先生が選べない以上は、そうする以外に方法はありません。指導者の暴力を受忍して、生き残った生徒だけしかスポーツを行う権利はないのでしょうか。指導者は独裁主義者でよいのでしょうか。

スポーツ科学の知見は、矯正的指導よりも称賛的指導の有効性を教えています。さらに感情的な指導者は三流で、冷静な判断力がないことも証明されています。一流のサッカー指導者は、相手の腕やユニフォームを引っ張ったり、決定的な場面での意図的なファウルの推奨はしません。特に、発育発達段階の途上にある中学生や高校生には、技術的な未熟さゆえのファウルを認めないで、技術で対抗できるように、大きく育てることが重要だと指摘されています。さらに、高校生や大学生に多いバーンアウト症候群（燃え尽き現象）やドロップ・アウトは、中学校・高校時代に指導者が無理な指導（体罰やオーバートレーニング等）を行った結果であるとも報告されています。生徒の真の成長を願うなら、姑息な手段や体罰による指導ではなく、生徒の将来の可能性を「待つ」ような人格に優れた指導者が期待されます。

もともとスポーツは失敗するようにルールが構成されています。失敗を体罰でなくそうとするのは動物の調教と同じです。失敗の原因を的確に判断し、根気よく説明しつづける心のゆとりが先生には求められます。

ついつい冷静さに欠ける感情的な文章になってしまいました。その点はお詫びします。しかし、先生の行為が同僚の先生や保護者から黙認されると、結局はスポーツ好きの生徒に被害が及びますし、A中が強いチームであるが故に、今後、その体罰的指導を模倣する思慮のない指導者が出てくるとも限りません。今回の試合も、GKへの体罰によってB中学校に勝ったのだと、体罰行為が高く評価されては困るからです。～（中略）～恐らく先生は体罰を受けた経験があるのだと思います。しかし、自分の経験を他の人格をもった人間にも適用することは非常に危険です。別の人格をもった生徒がその体罰をどのように受け止めるかはわかりません。体罰は毒薬です。少量でも死につながる場合もあります。これまで、バーンアウトやドロップ・アウト、極端な話ですが、死を迎えるようなことがなかったのなら、幸運としかいいようがありません。是非とも、今一度、ご自分の教師観、指導観を見直していただき、体罰のない指導を、是非とも模索すべきだと思います。

体罰はエスカレートします。最悪の事態を招かないように、今日限り体罰を止める決断をしていただきたい。決断以外に方法はありません。少しだけならとか、この程度ならというのは、再び、体罰指導に逆戻りします。体罰を絶対に行わないという決断は、先生ご自身のためでもあり、スポーツ好きの生徒のためでもあります。

■愛（教師愛）は暴力（体罰）を超えられない

前記の手紙には賛否両論があるでしょう。なかには、平手打ち程度なら平気と思う人もいるでしょうが、平手打ちでも後々まで残る衝撃となる人もいます。高校時代の顧問教官から初めて平手打ちを受けて「自殺しようとした」と告白する学生もいます。人間は、一人ひとり別の人格ですから、体罰をさまざまに受け取るのは当然です。

その一方で、「顧問教官の体罰のおかげで私は成長した」と、体罰を是認するかのような発言をする学生もいます。これは、過去に体罰を受けても今現在に満足していると、肯定的とも受け取れる発言になるのです。人間には過去を懐かしみ、美化する傾向があります。自分の体験を美化することで過去を正当化したい気持ちはわかります。

しかし、体罰を受けた人にとっては、体罰を受けなかった場合と比較することは想像でしかできません。体罰を受けない場合にも、今の自分以上の可能性が開かれていたかもしれません。ましてや、体罰によって決定的打撃を受けている人もいるにちがいありません。繰り返しになりますが、人間は一人ひとり別の人格です。少数者の肯定的意見をもっても、体罰は決して容認できません。なぜなら、学校におけるスポーツ活動は、すべての生徒に等しく開かれていることが原則だからです。

体罰を「愛」と錯覚し、ひたすら教師を信じている生徒は弱い存在です。教師と生徒とは対等の立場にない以上、教師の側に厳格なる責任が求められます。体罰は暴力です。それを指導方法として用いるにはあまりにも危険が大きすぎ、ましてや体罰を用いなければ指導ができないような教師は専門職として失格です。運動部活動において体罰を用いる教師は、指導者としての無能さを現しています。

結論として、全知全能の神とは違う教師(人間)は、有効な可能性があっても、愛という美名の暴力を決して使ってはいけないのです。

（近藤良享）

2・「ばか騒ぎ」の自由はあるか—観客の暴動を倫理する—

■いざ、スポーツ観戦！　—「快」、「不快」どっち？—

歓喜！　怒り！　嘆き！　スポーツ観戦では、人生における喜怒哀楽をわずか数十分間に凝縮して体験できます。観客はこの興奮を味わうため、高い入場料、競技場までの混雑、試合時間までの無為な時間を我慢します。それはやがて始まる身震いするほどの興奮が、少なくない出費、混雑のイライラ、日常の退屈な時間を忘却のかなたへと追いやってくれるからです。
競技場内に響く歓声、応援歌、一糸乱れぬ群衆行動のなかで、競技場は興奮のるつぼと化します。そこでは、日常認められない欲望の充足がだれはばかることなく許されます。けれども、このような祝祭空間における秩序は、時には破壊行動、乱闘騒ぎ、暴走などによって壊されることがあります。

仮にあなたが熱狂的なサッカー・ファンだったとします。あなたは、月に何度も競技場へ足を運びます。そして今、歓声がなり響く応援席で、ひいきのチームを応援しています。ひいきチームの得点に歓声をあげ、しらぬ間にウェーブにのみこまれ、高揚感を味わっています。しかし、座席のすぐそばでは、卑猥な言葉や罵声が聞こえ、小便がかけられ、あらゆる物が投棄され、今にも暴動が起こりそうです。あなた自身、襲われ、殴られるかもしれません。たとえそれらの暴力から免れたとしても、帰りの電車が乗っ取られ、競技場近くで立往生するかもしれません。このような危険がともなうとわかっていても、競技場へ出かけていきますか。

こんな光景、日本に住む私たちには少々イメージしにくいかもしれませんね。日本では、スポーツ応援団といえば、お揃いのハッピ姿にメガホン、太鼓とトランペットに合わせて歌い、ばか騒ぎをする。せいぜい、そんな姿しか思い浮かびませんものね。ペナントレース終盤のプロ野球ファンの熱狂ぶりはすごいといっても、彼らは決して暴走することも、観客席を破壊することもありませんから[1]。帰りの道路や電車が混雑しイライラするとしても、それは身の危険を感じるほどのものではないでしょう。むしろ祝祭的な秩序を保ち、微笑ましいぐらいです。一九九八年のワールドカップサッカー・フランス大会では、日本のサポーターたちのマナーのよさが世界的な話題になりました。あちこちで日本バッシングが聞かれるなかだっただけに、少々うれしかったことを思い出します。

しかし、紳士の国イギリスでは、サッカー・フーリガニズム2)と呼ばれるサッカー・ファンの暴徒化現象が大きな社会問題となっています。彼らは乱闘騒ぎを楽しみ、時には人を傷つけ死者を出し、発煙筒をたいて放火します。路地のあらゆる物を破壊し、地下鉄すら乗っ取るありさまです。イギリス政府は彼らを破壊者とみなし、厳しい処罰の対象とします。暴力を扇動するフーリガンの個人データをコンピュータで管理し、多くの警官を動員して彼らの暴動を阻止します。これまでも彼らのグラウンドへのなだれ込みを防ぐため、柵を高くしたり、立見席を減らすなどのさまざまな対策が試みられてきました。

「遠い国のこと、私には関係ない」なんていわないでください。フーリガンの暴動が、この日本で直接あなたに関係してくることがあるかもしれません。二〇〇二年のワールドカップは、日韓両国の開催です。もしあなたの家のすぐそばでフーリガンたちが暴動を起こしたら、被害をこうむるかもしれません。「だったら話は別。人に迷惑をかけているのだから、厳しく取り締まって、二〇〇二年には安全で楽しい応援をお願いしたい」なんて思われるでしょうか。日本でのワールドカップを楽しみにしていても、結局、フーリガンたちのばか騒ぎに恐怖心を覚え、異様な警備体制のなか、窮屈な思いでサッカーを観戦しなければならないかもしれません。

■フーリガンに自由はあるか

他人に迷惑をかけるという理由でフーリガンを処罰することは、果たして許されるのでしょうか。彼らのばか騒ぎがあやまって人を傷つけたり、殺人にいたるとき、あるいは物を壊したとき、当然その当事者は逮捕され裁かれるべきでしょう。しかし、もし彼らが単に感情のはけ口としてばか騒ぎを楽しんでいるだけだとしたら、あるいは野蛮で粗野な暴力性が彼らの文化だとしたらどのように考えるべきでしょうか。

イギリスでは、サッカー・フーリガニズムについて、主に次の二つの見方があります。

ひとつは、サッカー・フーリガニズムを限度と暗黙のルールがはっきりしている儀礼的な争いとみる見方です。この見方を支持する人は、フーリガンについて、仲間とばか騒ぎを楽しむだけで、人に危害を加えることはないといいます。フーリガンは、暴力的かつ挑発的です。儀礼的なばか騒ぎの均衡をだれかが壊し、暴力が爆発するその瞬間を今か今かとつねに待っています。それでもこの立場からは、このような危険と隣り合わせの興奮を彼らはただ楽しんでいるのだと解釈されます。

もうひとつは、フーリガンを規則破りとみなし、処罰の対象とするイギリス政府の見方です。この見方を支持する人は、フーリガンの行動が単なるばか騒ぎであったとしても、彼らの行動を誇張し、破壊者というイメージを作り上げ弾圧します。政府は、フーリガンを非暴力的な集団に変えることを意図して、彼らを指導することはありません。そのほうが、フーリガンへの弾圧を、逸脱者に対する公権力の行使として正当化できるからです。

前者への支持は、フーリガンの自由を護るけれども、同時に市民を危険にさらすことを意味します。他方、後者への支持は、市民の安全や自由を保障することにはなっても、フーリガンの自由を制限することを意味します。どちらを選択すべきか。これはなかなかむずかしい問題です。いいえ、常識的で理性的なあなたなら、他人に迷惑をかけるフーリガンの自由など考慮する必要はないと考えるでしょうね。でも本当に、フーリガンの自由を保障する必要はないのでしょうか。

■フーリガンになってみる

さて、この問題を考えるために、あなたにフーリガンになってもらいましょう。この際ですから文明化された自分自身を捨てて、思いっきり野蛮で粗野で暴力的な自分をイメージしてみてください。一九七〇年代は、襟のないシャツに吊りズボン、重いブーツにスキンヘッドが流行ったそうですが、最近は高価なＤＣブランドを着こなしているようです[3)]。

あなたは貧しく、荒廃した公営住宅に住んでいます。そして教育レベルは低く、仲間内での地位や評判を得ようと思えば、情け容赦がなく、けんかが強く、何よりも乱暴でなければなりません。今、失業中です。たとえ職にありつけたとしても、それは低賃金の未熟練工としての仕事です。

このような生活空間におかれた場合、あなたはどのように振る舞うでしょうか。お行儀よくサッカーをみていると、仲間からたちまち「このホモ野郎！」とか「オカマ野郎！」となじられます。結局、仲間との連帯を保つために彼らの悪ふざけに加わることになります。というのも、あなたには彼らとの連帯を保つか、排除されるか、そのどちらかの道しか残されていないのですから。

フーリガンは騒々しく、グロテスクで、粗野で非文明的ですが、彼らは自分たちのことを「暴力的じゃない」といいます。彼らには、彼ら以外の人間を巻き込まない、互いに耐えうるだけの損傷を与え合うという暗黙のルールがあるといいます。

このような文化のなかで生きるあなたが、憂さ晴らしにばか騒ぎを楽しんでいると、いきなり逮捕されて有罪判決を受けました。「騒いでいるだけなのに逮捕されるの？」とあなたは警察の理不尽な対応に腹を立てるでしょう。このようなイギリス政府の対応に対し、社会的問題が本当は存在しないのにそれをつくってしまったと批判する声もあるほどです[4]。

他人に迷惑をかけただけで、あるいは不潔で不摂生な行為で自らの健康を害しただけで、私たちは処罰されるのでしょうか。私たちが住む社会には、他人に危害を及ぼさない限り処罰の対象とはならないという自由主義の原則があります。フーリガンの行動は、他人に危害を加えない限り、説得、叱責、侮辱の対象にはなっても、迷惑だからとか、本人のためにならないから、という理由で処罰されるべきではありません。仮にイギリス政府の対応が、彼らを煽り、彼らの暴力性を爆発させたのだとしたら、政府の対応こそ、ある種の暴力といえるのではないでしょうか。きっとフーリガンはいうでしょう。「警察が棍棒を振りまわさなきゃ、俺達は暴力を振るったりはしなかったぜ」と。

■なぜ、ばか騒ぎをするのか

フーリガンになってみると、イギリス政府の横暴さや行き過ぎが、少しはみえてきたように思いませんか。いずれにせよ、フーリガンを処罰することだけでは、問題の解決にはならないようです。彼らを処罰したところで、彼らと警察のいたちごっこは終わりそうにもありませんから。ここでは、問題解決の糸口をつかむために、フーリガンの発生原因を探ってみます。

サッカー・フーリガニズムは戦前からありましたが、一九六〇年代から激化しました。一九六〇年代といえば、ちょうどフーリガンの出身階層であるイギリスの労働者階級の連帯に大きな変化がみられた時期です。十九世紀末から二十世紀なかばころまで、労働者階級は相互扶助的なコミュニティを形成し、堅固な血縁関係と親密な近隣関係で結びついていました。彼らは貧しいけれども仲間との連帯を楽しみ、貧困から抜け出すよりも彼らのなかにとどまることに価値を見い出していました。

ところが、一九二〇年代から三〇年代に始まった経済的変化や戦後の社会福祉政策や教育制度の改革によって、労働者階級の連帯に歪みが生じました。経済的変化は、労働者階級のコミュニティに依存しない新しい労働者や豊かさを求め中間層に近づこうとする労働者たちを新たに出現させることになりました。また、戦後の福祉政策は、労働者階級のなかに、豊かな者とより貧しい者とを生み出すことにもなりました。ご存じのように、一九七九年には、保守党サッチャー政権が誕生します。彼女の登場により、景気は持ちなおしたかにみえますが、経済的な不平等はさらに拡大したといわれています。

不平等の拡大という状況からフーリガンの行動は、支配階級や豊かな労働者階級に対する欲求不満のはけ口と解釈されることがあります。しかしこの解釈は、フーリガンの激化がなぜ一九六〇年代なのかという問題を説明するものではありません。というのも、労働者たちは、イギリスが階級社会であること、自分たちがそのような社会の一員であることを古くからわきまえていたからです。

フーリガン発生の背後には、もっと別のメカニズムが潜んでいるように思われます。今村仁司によれば、群衆は、古い秩序が崩壊している無秩序でアナーキーな状態に発生するといいますが[5)]、労働者階級の連帯に亀裂が生じ、これまで自明であった価値体系がもはや機能しなくなった一九六〇年代に、労働者階級の若者たちは、サッカー・フーリガンという新たな群衆を形成したように思えてなりません。彼らは地元チームごとに、時には外国の応援団と、そして公権力の代表たる警察と、いがみ合うことで仲間集団の連帯を確認しあっているのです。

彼らの行動は明らかに逸脱行為ですが、それは決して無秩序なものではなく、ひとりのリーダーのもとに意図的・計画的に行われるといいます。彼らは、マスコミが彼らの行動を誇張すればするほど、あるいは警察の統制が厳しくなればなるほど、自らの行為をより粗暴で破壊的にします。それは、まるで外部からの統制や排除が強くなればなるほど、自らの結束を固め、より強い集団へと成長していくかのようです。

■排除のまなざしから理解へ

たしかにフーリガンの行動は、サッカー観戦を楽しむ市民の自由を奪い、サッカー場付近の住民を危険にさらします。だからといって、フーリガンの愚行権を認めないで、彼らを処罰することはあまり好ましい方法ではないでしょう。なぜなら、フーリガンの愚行権に対する非寛容な態度は、同時に私たち自身の自由の制限をも意味するからです。

だからといって逆に、フーリガンの愚行権を認めるべきだとの結論も早計すぎるでしょう。最近では、他人に迷惑をかけなければ何をしてもいいという自由が「文化」を退廃・混迷させる根源だと、愚行権への誤算が指摘されはじめています[6)]。「自由」には文化の質を向上させる要因があると説くジョン・スチュワート・ミルの自由論は、封建制の不自由さから人間を解放したものの、現代社会にあっては多くの欠点が指摘されています。

フーリガンへの弾圧も、フーリガンの愚行権の容認も、よい方法ではないとしたら、私たちはこの問題をどのように考えるべきでしょうか。まず、次の事実を認めることから始めましょう。

それは、フーリガンを暴力的だと排除する私たち自身、十分暴力的であるという事実です。フーリガンの行動を野蛮で粗野な非文明的な暴力だとすれば、私たちの他人を排除するまなざしは、文明化された暴力です。私たちは、このまなざしゆえに、文明化された暴力である警察の出動を正当化するのです。私たちは、このことを十分に認識すべきです。そして、自分たちよりも野蛮で下品だという理由で、他人を排除し抑圧することのない社会をこそ創るべきだと思います。
フーリガニズムに走る若者たちの生活実態を十分に理解し、生活環境の改善、教育改善、就職機会の増加などをだれにも平等に保障する社会を形成することが肝要なのではないでしょうか。抑圧や弾圧よりもとるべき方策はたくさんあります。戦後の福祉政策、サッチャー政権、それぞれの功罪を十分に認識し、フーリガニズムに走る若者たちに、興奮と仲間意識をもたらす何物かを早く見つけ出させることがまず先決です。
ただし最後に、ここでのサッカー・フーリガンをめぐる議論を、遠い国、イギリスのことだと思わないでください。他人を排除し差別するまなざしは、私たち自身のなかにも、根強くしたたかに潜んでいるのですから。

（友添秀則・梅垣明美）

【注】

1）「六甲おろしに〜♪　颯爽と〜♪」、今でも阪神タイガースのこの応援歌を聞くと、反射的に思い出す光景がある。一九八五年、岡田・掛布・バースの大活躍でタイガースが初の日本一に輝いた時のことである。私（友添）は、所用を済ませたある夜、阪神梅田駅で、「六甲おろし」の大合唱に偶然出会った。その時のまわりをはばからぬタイガース・ファンによる大合唱は、地下街であったせいか反響し、あたかも地鳴りがするかのようであった。後日、リーグ優勝を決定して、彼らの大阪・道頓堀川へのダイビングをテレビでみて、この時の大合唱の強烈な印象が甦ったことを覚えている。この経験と、私と同様の経験をされた山本徳郎氏の論考が、私たちに観衆による暴力を考える直接の契機を与えてくれた。
文明化にともなって国家による物理的暴力の独占が進み、そのことによって個人の激しい感情や興奮の抑制が行われると述べたエリアスの理論を、後年知ることになったが、エリアスならこのようなタイガース・ファンの「ばか騒ぎ」をどのように解釈するだろうかと興味を覚えたことがある。

本節で取り上げたサッカー・フーリガニズムの問題のみならず、スポーツと暴力の問題を考えるなら、山本氏の論考とエリアスの次の著作は有効であろう。
○山本徳郎、「体育・スポーツと暴力」、『体育・スポーツ評論　二号』、不昧堂出版、一九八七年。
○N・エリアス&E・ダニング、大平章訳、『スポーツと文明化―興奮の探求』、法政大学出版局、一九九五年。

2) 元来フーリガニズム (hooliganism) という用語は「乱暴」や「暴力」を意味するが、本節では「サッカー・フーリガニズム」という言い方で、イギリスのサッカー・ファンの暴力的な行動をさしている。スポーツ社会学のなかでは、「フットボール・フーリガニズム」として欧米で多く論じられてきたが、この問題はスポーツ倫理学のなかでこそ論じられねばならないと思う。
ところで、「ちんぴら」を意味するフーリガン (hooligan) は、昔ロンドンに住んで乱暴の限りをつくしたというアイルランド人一家の姓に由来するといわれているが、北アイルランドをめぐってのアイルランドとイギリスの微妙な政治的関係を考える時、このような不名誉な由来をもつ「フーリガン」という呼称が新たな両国の火種にならないかと心配するのは考えすぎであろうか。なお、現代の生々しいフーリガンの実情を知りたければ、ドキュメントタッチの次の著書が参考になる。
○B・ビュフォード、北代美和子訳、『フーリガン戦記』、白水社、一九九四年。

3) 朝日新聞、一九九八年六月四日付。

4) T・メイソン、松村高夫・山内文明訳、『英国スポーツの文化』、同文社、一九九一年。

5) 今村仁司、『群衆―モンスターの誕生』、筑摩書房、一九九六年。

6) 加藤尚武、『現代倫理学入門』、講談社、一九九七年。

3・ゲーム中の暴力はなぜ許されないのか
―審判員への暴行事件を倫理する―

■星野監督らの暴力事件

この事件は、二〇〇〇年五月六日のナゴヤドームで起きました。橘高球審のストライクの判定に、審判員の胸を突いた立浪選手、体当たりした星野監督、背後から殴打した大西選手が退場処分になり、その後、橘高審判の肋骨が折れていたことも判明。三名にはそれぞれ制裁金と出場停止が科せられました。一時は刑事告訴も検討されましたが、結局、日本商業労連連帯労組・プロ野球審判支部の八幡次郎委員長が五月十五日に橘高審判と会い、刑事告訴しないことになりました(ただし、ファンが刑事告発し、警察は「不起訴相当」の意見書を添えて書類送検しました)。これに先立って十二日、出場停止処分が解けたドラゴンズ星野監督の謝罪?会見が行われました。謝罪に「?」マークをつけたのは、彼からはまったく謝罪の意志が感じられなかったからです。会見は、遠征先の広島市内のホテルで行われましたが、星野監督は腕組みをしたまま、わずか三十秒で終わり、ファンへの謝罪はあっても、けがをした橘高審判への謝罪はありませんでした。この会見の様子をみると、「自分たちは悪

球審に暴力をふるうドラゴンズの監督、選手たち（スポニチ・毎日提供）

くない」との態度がありありで、開きなおりさえ感じられました。

この問題について、ある新聞社からコメントを求められましたので、次のように話しました。

「私は、父親の影響を受けた三十年来のドラゴンズのファンです。星野監督も個人的には好きです。しかし、彼は今回が初めてではなく、過去にも暴力行為を繰り返しているのですから、自ら退団するのが『男・星野』の責任の取り方でしょう。立浪、大西両選手も貴重な戦力であっても、今シーズンの出場停止が妥当と考えます。

正当防衛を除いて、他の人に危害を加えることはそれほど重い社会的制裁となります。チームの士気を鼓舞するためのカンフル剤として暴力行為は効果があっても、使ってはいけない『禁じ手』です。負けが込んでくるとまた使いたくなる。それはドーピングへの誘惑と同じです。結局は、この種の事件は、すべて一般社会の法律に則って処分されなければなりません。その理由は、通常、野球の場面における暴力行為は、野球の範疇に入らないからです。

他の例をあげればわかりやすいと思います。たとえば、カナダで刑事事件になっているように、スティックでパックを打つのはアイスホッケーのルールに叶った行為ですが、スティックで相手選手を殴ってけがをさせれば犯罪です。剣道では防具をつけていないときに竹刀でたたいたり、ボクサーがリング以外で相手を殴れば、当然犯罪となります。今回の事件も、たとえグラウンドのなかであっても、一般社会の法律によって裁く対象です。

これまで、この種の暴力を寛容にしすぎていた『つけ』が回ってきています。けがをされた審判員の方に、各方面から無用な圧力をかけるべきではありません。内部で穏便に済ませようとする体質が、この種の暴力を再発させます。通常のスポーツで使われないような暴力行為は、すべて一般社会の処罰に準ずるという考え方に変更しない限り、再発は防げません。

ドラゴンズ・ファンにとっては厳しい発言ですが、『スポーツの場面ならば暴力行為が許される』と世間の人びとに思われては、価値あるスポーツ文化が荒廃してしまうからです。」

このように考えた根拠をもう少し補足します。

まず、日常社会で傷害や暴行事件が起きたときは、刑法にもとづいて処罰されます。けがをさせれば、十年以下の懲役または三十万円以下の罰金ですし、暴行の場合、相手がけがをしなくても、二年以下の懲役もしくは三十万円以下の罰金となり、さらにその場を加勢した輩《やから》でも、一年以下の懲役または十万円以下の罰金になります。

このように、今回のような事件がグラウンドの外で起これば、明らかに厳しい処罰が科せられます。今回の事件を前記の刑法規定にあてはめると、審判員に対する体当たり行為は暴行にあたりますし、殴打して審判員にけがを負わせた行為は、当然、傷害罪にあたります。仮にこの事件が告訴された場合、どのような判決になるかは別として、わずか三試合、五試合程度の出場停止で済まされることではないと考えられます。そのため、前述したような、男・星野監督は退団、立浪・大西選手は今シーズンの出場停止が妥当と判断しました。ただし、特に直接傷害を負わせた大西選手の場合、アメリカならば永久追放の可能性もあります。

■プロといわれる監督は

判定に対する抗議（「抗議」はルールで認められていませんが、日本では慣用的に「抗議」が使われますので、それに合わせます）は毎年繰り返されますが、同じ抗議であっても、さすがプロフェッショナルとうならせた「名抗議」があります。

一九九六年十月二十四日、オリックスが三勝一敗でむかえた、対ジャイアンツとの日本シリーズ第五戦、仰木監督は「十分間の抗議」をしました。その場面は、五点をリードしていた四回表、ジャイアンツのバッターの打球がセンター前に飛び、センターが直接捕球したかにみえた時、塁審はヒットと判定しました。一死一塁、三塁だったので、三塁ランナーは当然ホームプレートを踏み、ジャイアンツの得点になりました。その瞬間、仰木監督は塁審に向かって走りました。星野監督ならば審判員へ体当たりかもしれません。仰木監督も審判員に猛然と詰め寄りましたが、違いがありました。仰木監督は、まず判定が覆せないだろうと思いつつ、ファインプレイをうち消されたセンターの気持ちを、どのような形で鎮めるかを考えました。

つまり、この場面の「おさめどころ」です。仰木監督は、ベンチにもどってプレイの再現ビデオによって、本来ならばアウトであったことを確認した後、選手全員をベンチに引き上げさせました。しかし、午後七時四十一分に中断された試合は、ちょうど十分間で、監督の決断によって再開されました。

その理由は、「リードしている流れを変えたくなかったこと」「ナイターのため、寒い思いをさせたり、帰宅時間が遅れたりするような犠牲をファンにさせてはいけない」と考えました。なぜ十分間だったのかといえば、その間に「選手や自分自身の気持ちを鎮めること」「次の策を考えること」「選手の士気を再度高めること」が必要だったからです。

読者のみなさんもおわかりでしょうが、猛然と審判員に詰め寄り、選手をベンチにまで引き上げさせても、真の監督は冷静さを失わず、次の策を考えています。暴力行為をはたらいて退場になり、出場停止の処分を受けては、チーム全体に大きなマイナスになります。やはり、プロの監督は、仰木監督のような審判員の判定ミスさえも巧みに利用したり演出したりして、チームの活力に仕立てあげる資質が必要でしょう。単なる暴力を手段とした「親分―子分」集団との違いをみせることが、プロフェッショナルとしてのスポーツ集団の存在価値を高めることになります。

■どのような再発防止策を講じるか

この種の暴力事件は、以前にも起こりました。

日米審判交流事業の一環として派遣されたマイク・ディミューロ審判員が、一九九七年六月五日の中日―横浜戦で、同じく中日の選手、監督らに暴行を受け、帰国してしまった事件がありました。この事件では国際的に非難を受け、対応策を立てました。しかしながら、再び暴力事件が起こったわけですから、根本的解決策にはなっていません。では、この種の事件が起こらない、起こさせないための対応策を考えてみましょう。

まず、最も必要な基本対策として、この種の事件が生じたときには、例外なく一般社会の法律による制裁と日本プロ野球機構による処罰を両方とも行うことにします。これまでは、グラウンドのなかでの乱闘は、組織内部の軽微な処分で済ませてきましたが、これからは暴力行為があれば、すべて一般社会の法律で裁くことが必要です。今回の事件では、いろいろな事情から橘高審判が刑事告訴をしないことになりました。しかし、刑事告訴しなければ、必ず再発します。今回の見送りは、再発防止の観点からは妥当とは思えません。

第二に、暴力事件が何度も繰り返されるのは、選手・監督と審判員との間に大きな溝ができているからです。審判員は特定個人の選手や監督と仲よくなると、いろいろと支障が出ます。時には八百長と疑われることになります。

そこで、選手・監督と審判員とで相互評価を実施することを提案します。当該の試合に関して、選手・監督がどのように審判員の判定を評価したのか、逆に審判員も気持ちよく試合進行ができ、選手・監督が協力してくれたかを試合後に評価し、両者に知らせます。こうした相互評価は、選手・監督と審判員との相互不信を相互信頼に変えるきっかけになります。選手・監督と審判員とが一緒になって、ファンのために「よい試合」をめざそうとすることが、暴力事件の根絶に寄与します。現在では、そうした双方向の交流が欠如しているために、判定への不満、見下した姿勢が暴力につながっています。選手・監督と審判員が相互に正しく評価しあって初めて、よりよい関係づくりができます。

第三は、第二とも関連しますが、審判員の専門的資質を高める方策が必要です。極論をいうと、プロ野球の経験者でなくとも審判員になれるような審判員専門学校を創設してはどうでしょうか。現状のように、プロ野球の監督・選手が審判員を「二流の野球選手あがり」と見下している限り、判定をめぐるトラブルは避けられません。審判員専門学校の創設のために、その基金はたとえば監督や選手の年俸の一％を拠出する策も考えられます。その基金で審判員専門学校の運営や大リーグでの研修にあてることも考えられますし、審判員も監督や選手が拠出した資金で研修を受けるとなれば、いっそう真剣味も増します。

また、審判技術を十分身につけるために、ファームでの経験を積んだり、トラブルが絶えない審判員をファームに下げるといった方策も考えられますし、審判部をリーグに所属させるのではなく、完全に独立させて、無用な圧力がかからない方策も必要でしょう。

最後に、カナダでは子ども向けのフェアプレイ教育の一環として、子ども、指導者、保護者それぞれに「フェアプレイ誓約書」を提出させている地域があります。これにならって、プロ野球においてもシーズン前や契約時に「フェアプレイ誓約書」を選手、監督、さらには審判員にも提出させます。審判員は公正に判断するのが当たり前ですが、当たり前であっても毎年、誓約書を提出することによって自覚を促します。そして、シーズン終了後には、「フェアプレイ賞」を選手、監督、審判員それぞれに授与するような制度も、暴行行為の防止には役立つでしょう。最優秀選手とか、最優秀監督といった顕彰は、どちらかといえば個人やチーム成績によって決定されますが、それよりもフェアプレイ賞の授与、さらには成績とのダブル受賞は、最高の価値があると賞賛されるようになることが望まれます。

スポーツはただ勝てばよいといった風潮が目立ちます。しかし、こうした状況を放置しておくと、文化としてのスポーツは根底から崩されていきます。プロフェッショナルであるからこそ、フェアに行われたうえで勝利することをめざすべきであり、それが長い目でみたプロ野球の発展につながると確信します。

以上、選手・監督による審判員への暴力を防ぐ方策をまとめると、(1)暴力行為があれば例外なく刑事告訴する、(2)選手・監督と審判員の相互評価を行う、(3)審判員の専門資質を高める制度を創設する、(4)フェアプレイ誓約書を交わす、となります。

プロ野球のシーズンが終了すると、必ず「珍プレイ、好プレイ」が放送され、乱闘事件も試合の一部であるかのように取り上げられます。しかし、乱闘事件は野球の試合の一部ではありません。テレビで取り上げるとしても、「珍プレイ、好プレイ」ではなく、非難を表明するような「いまわしいとか、恥ずべき」シーンとして、断固糾弾する姿勢をとってほしいと思います。たとえ球団の親会社がマスコミ関係であっても、正すべきは正さないと暴力行為は繰り返され、結果的にプロ野球の衰退につながると思います。

（近藤良享）

第6章
勝者と敗者の倫理学

1・めざせ！　真の勝利至上主義―スポーツ指導における効率性―

■効率性という価値観

スポーツ科学の発展にともなって指導法も変わりつつありますが、科学的成果によって価値観が変わったと判断するのは誤りです。たとえば「タバコは身体に悪いので禁煙すべき」といわれます。しかし、信じがたいことに、「タバコは身体によいので喫煙すべき」と推奨されていた時代もありました。これは、タバコが身体によいか、悪いかという事実判断が変わったのであって、「人間は健康によいものを摂取すべき」という価値判断は変わっていません。

それと同じように、スポーツの指導法も変わりましたが、価値観は簡単には変わりません。スポーツ指導においては、今も昔も、おそらく将来も「効率性」が最優先の価値のままでしょう。では、「効率性」という観点から指導者の専門職倫理に接近してみます。

■Baseball ではない野球の指導法

まず、全国高校野球選手権大会（第七十九回）の開幕日に掲載された朝日新聞の「高校野球も変わらなくちゃ」[1]という記事を手掛かりにします。そこには、高校野球の変わったところと変わるべきところが指摘されています。

変わったところとしては、(1)開会式や閉会式の進行役を高校生が務める、(2)しっかりと自己表現できる選手が増加しつつある、(3)地方大会での勝敗を決する重大場面で、選手自らが作戦を決定するチームが増加していることなどがあげられています。

他方で、変わるべき点として、不合理な長時間練習について、「高校野球には、ほとんど一日も練習を休まないのを当たり前とする風潮があった」とし、その改善策として「ゆとりと休養の日」を提唱しています。

しかし、日本高校野球連盟に加盟する全国の加盟校に調査したところ、約十五%が練習を休まないと回答し、さらにその半数も今後とも休みをとる考えがないと答えています。そのため社説では、「スポーツ科学の常識である、トレーニングに適切な休養が必要」と断言しています。アメリカでは高校生投手に投球制限を課し、ハワイ州では、三日間九イニングスまで、この他、ハワイ州に限らず、スライダーの投球禁止（小学生はカーブの投球禁止）を決めている州もあるそうです。

このような高校野球の状況のなか、私はサッカーのＪリーグチーム（以下、Ｊチーム）の練習風景に接する機会がありました。きわめて日本的指導法で行われている高校野球と比べて、Ｊチームのそれは大きな違いがあります。

■Jチームの指導法から学ぶ

まず、コーチの第一声は、「今日は暑いから、のどが乾く前に、頻繁に水を飲むこと」でした。この注意が二、三度繰り返されました。今では練習中や試合中に「水を飲むな」という指導者はいないでしょうが、私の中学時代は水を飲むことは厳禁でした。唯一、タオルに水をひたし、それを頭にかぶせる程度でした。監督に隠れてタオルにひたした水をすすったことが今でも蘇ります。三十年を経て、ようやく運動中の水分補給が常識になりました。

次は、Jチームと新潟から遠征してきたクラブチームとの練習試合中でのことです。力量差がかなりあったために、Jチームは自分たちの思い通りのゲーム展開をしていました。気になったのは相手チームのコーチや選手たちの言動でした。劣勢からか、「何やってんだ」「体で止めろ」「ぬかれるな」「駄目じゃないか」と、クラブチームの選手同士からも、ベンチの監督、コーチからも選手に浴びせられていました。

一方、Jチームのコーチは、選手が選択した戦術に対する状況判断の善し悪しを評価し、主に事実の伝達が繰り返されていました。さらにJチームのバックス陣は可能な限りボールを前方にフィードし、決して安易にコート外にクリアしませんでした。

息子がサッカーに携わっている関係上、中学校のサッカーの試合をみる機会が多くあります。しかし、たいていの指導者はバックス選手に対して大声でクリアするよう指示し、それができれば賞賛します。

ドイツで中学生のサッカーの試合を観戦したことがあります。その時、クリアをしないで、あくまでも前方にフィードし、コマギレにしない、流れるような攻守の転換とは好対照でした。聞くところによれば、欧州の指導者は、クリアを教えずに前方への積極的なフィード姿勢を教えているそうです。それは、たとえ相手にボールを奪われて得点されても、長期的視野に立てば、そのほうが技術的に向上する可能性があるからです。逆にいえば、安易なクリアはボールをキープする技術を修得させないことになります。

Jチームの練習風景にもどります。今度はスキルの練習でしたが、従来の方法とは異なる場面がありました。三人一組でのボールリフティングの場面で、ボールを落としたら腕立て伏せを五回行うという罰付きのものでした。最初ぼんやりと、「落としたら腕立て伏せか、こんな方法がいいのか」とみていましたが、よくみるとボールを落とした選手にボールを渡した選手が腕立て伏せを行っているのです。その練習では、相手が受けやすいボールを出そうとし、受けた選手も継続のために努力しています。チームスポーツの原点であるチームワークとは何かを考えさせられました。

Jチームの練習には、他にも多くの点が違っていました。高校生レベルになれば、三日に一度くらいは午前と午後の二部練習もありましたが、中学生レベル以下では、一日二時間程度でした。

長時間、休養日のない長期間の練習がチームの強化に欠かせないという誤った神話、特に大きな大会で上位を占めるチームの状況を真似て、毎日朝練と夜遅くまでの練習、休みは正月だけと豪語する監督に、スポーツ科学の成果は生かされていません。運動、栄養、休息のバランスという原則は、スポーツ科学の常識でありながら、実践されていません。

Ｊチームの一日二時間、三〜四日後には休息日、三十分ごとの休息は、明らかにスポーツ科学の成果が生かされています。また、疲労を明日に残さないためのクーリングダウンが徹底して行われていました。コーチの命令口調は、「水を頻繁に補給しろ」と「練習後のクーリングダウンを必ず行え」という指示の時だけでした。安全に対する配慮は、指導者の必須要件であり、そこでは忠実に守られていました。

さらに、練習の方法も毎回違っていました。単調で同じ練習が毎日繰り返されるこれまでの日本式指導法とは異なり、さまざまなメニューでのスキル練習が繰り広げられていました。しかも、主運動につながる練習法の選択は見事でした。最初からゲームばかり行わせる放任的、無責任な教師や、めあて学習といういわば、生徒の主体的な学習指導と称される方法とは根本的に違っていました。「主体性の育成」をどのように解釈するかによっても指導の仕方も異なるでしょうし、また発育発達段階に応じた指導法も選定されるべきでしょう。

発育発達段階における考慮は、当然、プロ選手とジュニア選手の練習法にみられました。炎天下でしたが、プロ選手の練習内容には、明らかに体力づくりのメニューもありました。二百メートル前後のインターバル・トレーニングやボールを用いた筋力トレーニングが繰り広げられていました。一方、ジュニア選手には、プロ選手が行う体力トレーニングはありませんでした。夏場という季節も考慮されているのでしょうが、主な練習はボールコントロール主体のスキル練習でした。スポーツ科学が教える筋感覚系の運動は、小学校高学年あたりが最も適した年齢（Golden Age）です。適時性の原理が忠実に守られていました。

ところで、プロ選手の練習するすぐ横でジュニア選手も練習する風景は、これまで日本ではみられなかったスポーツ環境です。休憩時間にジュニア選手たちが送るプロ選手たちへの熱い視線は、ジュニア選手への動機づけ、すぐれた技能の模倣に十分な効果が期待できる環境といえます。

■めざせ！ 真の勝利至上主義

以上のように紹介したJチームの指導法は、実は最も「効率性」を追求した結果であることに気づく必要があります。価値判断が変わって指導法が変わったのではなく、スポーツ科学の成果、つまりこれまでよりもさらに「効率性」を高められる事実が解明されて、それが指導法に生かされているだけです。結局のところ、スポーツ科学の研究成果を確実、忠実に実践に活かしているのがプロチームといえます。

スポーツ科学の成果が学校体育の場面、特に部活動場面に活かされていないのは、やはり体育教師や部活動顧問の怠慢といえないでしょうか。体育教師やスポーツ指導者は、大げさにいえば生徒(選手)の命を預かる職種です。スポーツ科学で明らかにされた成果を指導法に活かすのは、指導者としての専門職倫理であり、責任でもあります。体罰による指導などは論外です。

最後に、冒頭の社説との関連でまとめますと、そこでは「高校野球の勝利至上主義を改善せよ」と訴えていました。しかし、厳密にいえば、高校野球の勝利至上主義は、スポーツ科学の成果に精通しない指導者の非合理な方法であり、科学的、合理的に勝利をめざしていません。スポーツ科学の成果を受益することなく、きわめて「非効率的」な計画の下に、勝利とはまったく反対のエネルギー消費(極論をいえば、命を削らせること)を選手に行わせているといっても過言ではありません。

真の勝利至上主義は、あらゆるスポーツ科学の成果を吸収し、最善のトレーニング方法を開発し、万全の状況でゲームに臨むことです。Jチームはサッカーのゲーム構造を的確に分析し、練習のなかにスポーツ科学の成果を忠実に導入しています。こうした指導法こそが、真の勝利至上主義にもとづくスポーツ実践の在り方ではないでしょうか。

(近藤良享)

【注】

1)朝日新聞、一九九七年八月八日付。

2・正直者は損をする―審判員のミス―

■判定ミスを正直に告白すると

ここでは審判員の判定ミスを考えます。前章の「スポーツと暴力の倫理学」で扱ったプロ野球の審判員への暴行事件も参考にしてください。

審判員が誤った判定を行った時、それを正直に告白して判定を変えると非難されます。嘘をつかないで、誠実、正直に生きることは世のなかで広く推奨されていますが、スポーツの世界ではそうではなさそうです。かつて次のような事件がありました。

「七日のロッテ―西武十回戦(千葉)で、試合後、審判員が自らの判定ミスを認める「事件」があった。四回二死満塁でロッテの打者・松本のカウント二―〇から、渡辺久の投球を、村越球審が『ボール』と判定。西武バッテリーが詰め寄ったが、もちろん判定は覆らなかった。この後、松本は左前へ決勝の二点適時打を放った。／しかし試合後、西武・東尾監督は『四回のチェンジのときに抗議したら、球審から判定ミスを謝罪された』ことを明らかにした。村越球審は『通常はストライクと言うところをボールとした。私の判定ミスだ、と言ってしまった』と説明。／三振なら同点止まりで試合展開も変わっていたところ。東尾監督は『大事な場面で（ミスを）やってくれた』と言いつつも静観の構えだが、この試合の橋・責任審判と、二塁審判を務めた前川・前パ・リーグ審判部長の二人は『ボールと判定したら言い切らないといけない。審判として、やってはいけない対応』と指摘した。[1]」

この記事を読んで、あなたはどのように考えますか。あなたも一度くらいは審判をしたことがあるでしょうから、判定ミスを経験しているのではないでしょうか。判定ミスをしたり、微妙な判定をしたりすると、試合そのものの雰囲気が悪くなることがあります。テレビのスポーツ中継をみると、プロ野球やJリーグの試合では判定をめぐって審判員に詰め寄る場合がありますし、審判員への暴言によって監督が退場になることもあります。

■審判員の役割とは

スポーツは競技ルールにもとづいて試合が行われますが、いつも審判員がいるとは限りません。たとえば、友達同士でテニスの試合を行う際には、審判員がいないことが日常的です。この場合には相互判定を行っています。ボールのアウト、イン、カウントも両者が行います。この時、一方が自分に有利な判定を行い、インのボールをアウトと宣したり、カウントを故意に間違える状況を想像してみましょう。試合に勝ちたい気持ちはわかりますが、それによって試合に勝った場合は、果たして公正な試合だったといえるでしょうか。こうしたわがままな判定がつづくと、私なら「もうやめた」とさっさとコートを後にし、「二度とあいつなんかとテニスをしない」と誓います。

このような判定にまつわるトラブルを避け、公正な試合が成立するために、第三者としての審判員が登場します。審判員は競技ルールにもとづき、個々のプレイを判定します。一般社会でいえば裁判官の役割を果たし、正義に則って裁定を下します。

正義の女神をご存じでしょうか。正義の女神は、目隠しをし、左手に天秤、右手に剣を持っています。それぞれの働きを説明しましょう。まず、目隠しは利害関係者への偏った判定、つまり「えこひいき」を避けるためです。みなさんも体験があるかと思いますが、審判員が「えこひいき」しているようだと疑うときがあるでしょう。審判員は目隠しをして、それぞれの選手の属性をみないようにしています。「目隠しをしたら何もみえないじゃないか」という人もいるでしょうが、審判員は正義の神の代理ですから選手のプレイだけはみえます。そして審判員はプレイそのもので判定を下さなければなりません。もちろん、有名選手だから、地元の選手だから、だれかに頼まれたからといって、偏った判定をすることは正義にかなっていません。それを避けるために目隠しをしています。次に、天秤は不正な行為が生じて不均衡になったか否かを判定する道具です。天秤が傾けば、それを元にもど

正義の女神

さなければなりません。元にもどす道具が剣です。剣は、不正が生じた時に右手の剣を使って不正者を罰し、天秤が均衡状態にもどるように不正者に罰を与えます。

以上のように、審判員は正義の女神と同じ働きを持って選手らのプレイを判定しています。公正な判定を行い、一方に不利な状況が生じれば剣という力でそれを正します。

■判定への異議と審判員の権威

野球規則では審判員の判定に対する異議は許されていません。現実にプロ野球では、審判員に暴言をはいたり、時には暴力を振う場合もあります。しかし、これらは当然、規則違反です。野球規則九・〇二には、「打球がフェアかファウルか、投球がストライクかアウトか、あるいは走者がアウトかセーフかという裁定に限らず、審判の判断に基づく裁定は最終のものであるから、プレーヤー、監督、コーチ、または控えのプレーヤーが、その裁定に対して異議を唱えることは許されない」と記載されています。

日本のプロ野球界ではこの規則が守られていません。前章でも述べましたが、かつて米国から招へいしたマイク・ディミューロ審判員が辞任した事件がありました。日本では異議を唱える際(このこと自体、規則では禁じられています)、手を前に出して相手を威嚇するような行為があります。しかし、大リーグの同様の場面では、手を後ろに組んで抗議というより激しい質問を行います。手を前に出す行為はすでに暴力行為とみなされています。暴力行為を裁くのは野球規則ではなく、一般社会の法律です。このあたりにも日本と米国の野球文化の違いが現れています。マイク・ディミューロ審判員には、日本式の抗議行動が自分への暴力と映ったのでしょう。

判定ミスがあってもそれをミスと決して認めず、嘘を突き通せという人がいます。一度ミスと認めてしまうと、審判員の権威が失墜して秩序が守られないし、権威がなくなる。そうなると、だれも審判員の裁定に従わなくなるからでしょう。しかし、審判員の権威は、審判員とはどのような特質をもつ人であるかが前提となって、権威の問題が出てくると考えられます。では、審判員とはどのような特質をもっているのでしょうか。その点が定まれば、審判員の判定ミスに対する回答が出せそうです。

■審判員の判定ミスをどのように考えたらよいのか

冒頭で引用した事件を使いながら、私の回答を提示しましょう。

私は村越球審の置かれた立場に同情します。審判員は人間ですし、人間が行う判定ならば間違った判定が必ずあります。これは審判員をおくときの前提です。もっと正確にいうと、対戦相手同士が審判員に判定をお願いしています。それは選手が意図的に反則をおかすつもりがなくても、技術的な未熟さや突発的な出来事のために反則になってしまうこととまったく同じです。選手が意図的に反則を行わなくても、結果的に反則になってしまったとき、相手選手には何らかの被害があります。その被害を救済するためにさまざまな処置がとられるのですが、被害を受けたことには変わりがありません。自分が与えた被害には寛容であり、相手選手や審判員が行った反則や判定ミスには激怒するような選手はわがままです。自分自身を含めて、だれかに被害を与える可能性を認めあうことこそが、人間が行うスポーツです。機械だって時には故障することがあります。

いずれにしても、村越球審の行為は未熟さゆえの判定ミスであることには間違いありません。未熟であれば、さらに正確な判定ができるように精進する必要があります。それは選手が練習を積むことと基本的に同じです。

しかし、村越球審が「ボール」と宣告してしまったその時に、なぜ「判定ミスでストライクだった」と再判定できなかったのでしょうか。おそらく、判定をくつがえすことにためらいがあったのでしょう。他の審判員が「審判員の権威」を持ち出して非難したように、審判員の判定は黒でも白といい切る風潮が、プロ野球界、いやスポーツ界にはあります。しかし、黒でも白だと通用させてしまうのは、ある意味でおかしな世界です。

日常世界でも悪がはびこる状況には必ず不誠実や不正直があります。技の優劣を競うスポーツでは勝敗は避けられませんし、一方が勝利を手に入れれば、他方は敗者となります。といっても、勝者にも敗者にもともに得られることがあります。それは試合が公正であったか否かです。勝っても不正な試合はあるでしょうし、負けても公正な試合はあります。村越球審が、判定ミスを行ってもそれをすぐに訂正した時でも、対戦相手同士の選手がそれを容認する慣習(エートス)ができていれば、村越球審に無用の圧力がかからなかったと思います。

たび重なる判定ミスは論外ですが、人は誤った判定を行うことがあると了解し、スポーツ界全体がそれを受け入れていれば、結果として正確で公正な試合が多く出てくることになります。もちろん、例外としてあげられるスポーツもあります。しかし、そうしたスポーツであっても、規則上、抗議が認められていないから形式的に従っているだけで、審判員の立場を真に理解しているでしょうか。残念ながら、現在のスポーツ界にはそのような土壌があるとは思えません。

正直者が損をしないようにするには、正直な行為を賞賛し、判定のくつがえしを寛容するような精神を広めることです。それがないと、スポーツ界で誠実、正直に生きることは、良心に反してもできなくなります。あなたがこの次に審判員を務めて判定ミスをした時に、それを正直にいうべきか、いうべきでないかを考えてみてください。

（近藤良享）

［注］

1）朝日新聞、一九九七年六月八日付。

3・「相手」を「敵」と呼ばないで――促進者としての対戦相手――

■対戦相手は、「敵」か、「味方」か

毎日、自分との戦いだけを目指して練習したり、テニスボールを壁に向かって打ちつづけたりする禁欲的、修行的な人がいます。しかし、このような人でも、そのうち自分の技能をだれかと比べてみたいという欲求が芽生えてきます。これが競技スポーツへの動機です。

だれかと技能を比べるのですから、当然、対戦相手が必要です。対戦相手が必要というだけでなく、対戦相手同士が対等に競技できるよう、公正（フェア）が重んじられます。たとえば、野球やサッカーでは両チームが公正になるように、互いの地元で交互に試合を行います。野球であればホームとビジター、サッカーならばホームとアウェイです。オリンピックやワールドカップの代表権を争うような試合には、「敵の打破」とか「敵地での対戦」といった表現でマスコミが私たちを扇動します。

今回は、対戦相手同士の関係を倫理します。具体的には、対戦相手は、「敵」か、「味方」か、それとも「〇〇?」かです。

■熱狂的なスポーツファン

どこにでも熱狂的なスポーツファンがいます。たとえば、熱狂的なジャイアンツ・ファンならば、ジャイアンツが勝つと機嫌のよい酒、負ければ自棄酒《やけざけ》となります。たかがスポーツの勝ち負けなのに、勝てば機嫌がよく、負ければ不機嫌になったり、落ち込んだりします。ひいきチームの勝ち負けがファン自身の勝ち負けに乗り移ってしまうようです。その意味で、スポーツはファンの生活までをも左右しかねません。

しかし、勝ち負けで生活が乱れると、本人だけでなく周りの人も大変です。たとえば、会社の上司がひいきチームの勝ち負けで気分が左右されるなんて、部下はたまったものではありません。それは家のなかでも同じです。お父さんのひいきチームが負けるたびに、家族に八つ当たりされてはははなはだ迷惑です。一九九八年のワールドカップでは、応援のために会社を辞めてしまった人もいますので、「スポーツは非日常の活動だ」などといってはおられません。

熱狂的なファンはしばしば相手チームを「敵」と呼びます。彼らの善し悪しを決める価値基準はひいきチームが勝つことです。敵チームの主力選手がけがをすれば、大喜びしないまでも、大部分のファンは内心シメシメと思います。ひいきチームへの有利な判定は、だまって無条件に受け入れ、敵チームが有利になるような判定は、「どこ見てんだ」「馬鹿野郎」といった審判員への罵声になります。つまり、よい審判員はひいきチームに有利な判定を下す人です。サッカー、バスケットボールなどでみられる時間稼ぎのプレイも、敵チームが行えばイライラし、ひいきチームが行えば当然の作戦だと拍手喝采します。

ここでの善し悪しの判断は単純です。自分たちが善であり、敵は悪になります。この利己的な判断基準は、他人の文句に聞く耳を持ちませんし、当然、ひいきチームの仲間だけに通用する基準です。

■今日の敵は明日の味方

面白いことに、プロ野球やJリーグの試合は、総当たり戦なので、「今日の敵は明日の味方」になります。首位を走るジャイアンツにとって、今日の相手のドラゴンズは敵ですが、明日、ドラゴンズが二位のスワローズに勝てば最高で、その際には味方になります。ジャイアンツ・ファンにとって、今日のドラゴンズ戦へはヤジを飛ばしますが、明日のドラゴンズ戦には応援します。結局、自分たちにとって有利か不利かだけで、敵にも味方にも変身してしまいます。

敵・味方という区別や発想は、何もスポーツの場面だけではありません。それは、社会の至るところにもあり、たとえば他の同業会社との関係のなかにも、会社内の同僚との関係のなかにもあります。それは、スポーツでの対戦相手とチーム内の同僚選手との関係と同じです。あなたがチーム内でレギュラー争いをしていれば、よくわかると思います。今日レギュラー同士で味方だったチームメイトや会社の同僚が、明日はレギュラーから外されて敵になる場合もあります。こんな競争状態ですと、いつも不安と不信がつきまといます。

会社でいいますと、他社／他人への不安と不信は、自社／自分への不安と不信にもなります。もしかしたら、いまは味方と思っている自社も、いや自分さえも敵かもしれない、と話がどんどん懐疑的になっていきます。

こんなふうに考えていると、このうえなく身体に悪いことは、容易に想像できます。不景気のなか、日本社会全体でリストラが行われています。自分の会社も同僚も、そして自分自身も信頼できない状況で生き抜くのは大変です。

スポーツの場面から少々離れてしまいましたが、人びとが社会をつくって生活しているのですから、上記のような状況が必ず生じます。実際の社会もスポーツの世界でもそれは同じです。

■スポーツの試合って何？

では、どうしたらこの懐疑的で、不信の状態から脱出できるのでしょうか。どうやら相手を敵・味方という枠組みでとらえることに原因がありそうです。自滅にならないためには、敵・味方という枠組みを崩すことが必要となります。では、スポーツの試合はどのようにとらえたらよいのでしょうか。

(1)勝つことではなく、参加すること

実態は別として、オリンピックの有名な標語に、「勝つことではなく、参加すること」があります。この参加という言葉に着目してみましょう。日本語では参加と表記されますが、英語ではtake part in Olympic Gamesと表記されます。take part という意味は、選手やチームがある部分に責任を

持って分担しているという意味です。オリンピックならば、国際交流も含めて、試合に一回戦で負けようが、優勝しようが、一人ひとりがpartを受け持って、オリンピック大会全体に貢献すべきと謳われています。スポーツに参加するとは、試合の勝ち負けを含めて、その試合や大会全体に責任を持って参画していると考えるのが正しい理解です。

(2)スポーツにおける自己実現

人びとは目的を心にいだきます。自己実現もその一つです。目的は、個人のレベルにおいても、集団においても設定されます。それは、チームを構成する選手個々もそうですが、チームとしての目的もありますし、競技団体がめざす目的もあります。

たとえば、二つのチームが対戦するときには、勝利を自己実現と考えることができます。しかし、勝利だけを自己実現と把握すると、勝者だけしか自己実現ができません。では、両チームともに自己実現できる方法はないのでしょうか。そのひとつの可能性として、勝つこと(winning)ではなく、よい試合の実現に向けて勝とうと試みること(try to win)、つまり全力を尽くすこと(do their best)があります。勝利は片方のチームだけしかできませんが、全力を尽くすことは両チームともに自己実現ができる目的となります。

(3)促進者としての対戦相手

スポーツ倫理学者であるフレイリーは、対戦相手同士の関係を「障害物としての対戦相手」と「促進者としての対戦相手」とに分けて分析しています[1)]。まず、障害物として対戦相手をみると、(1)敵対（否定的）関係、(2)相手を手段化、(3)唯一の卓越者となり、一方、促進者として対戦相手をみると、(1)相互尊敬（肯定的）関係、(2)相手を目的かつ手段化、(3)相互卓越可能性が特徴となります。

そして、わかりやすい比喩として、フレイリーは、障害物としての対戦相手と促進者としての対戦相手を「セックス」にたとえて説明しています。

「セックスという行為は、時には一方が相手を征服することと見なされる。このような場合に、セックスを攻撃的に求める人は、セックスの対象者を誘惑するために探し歩く。誘惑で得た相手は、性的満足を求める人が使うための物のような対象者として見なされ」、「このような性的活動は、攻撃者の快楽のために相手を服従させることによる征服である。そのような攻撃者が別の性的対象者をも誘惑する限り、誘惑された人の幸福についてはまったく考慮されていない」。

一方、「セックスは、相互活動としても見なされ」、「それは、パートナー同士が相互に敬意を払いながら関わり、またお互いがその行為に満足するための活動」と位置づけています。詳しくは参考文献を読んでいただくとして、あなたがある程度の経験があれば、この比喩の意味することは理解できると思います。そしてフレイリーは、二つの対戦相手同士の関係を比較検討し、促進者として対戦相手を理解するほうが、障害物とするよりも倫理規範としてすぐれていると結論づけます。

結局、スポーツの試合における対戦相手は、試合を試合として成立させるために欠くことのできない人・チームです。対戦相手同士が一緒になって試合というひとつの出来事・物語を創造しています。別の言葉で表現すると、対戦相手同士が歴史をつくっているともいえます。戦争のような負の歴史を創るか、歴史に残る名勝負とするかは、対戦相手同士を敵・味方の枠組みでとらえるか、相互促進者として理解するかによって決まります。

オリンピックであれ、地域大会の試合であれ、対戦相手を相互促進者として把握することがスポーツの試合の正しい理解です。そして、スポーツの世界を正・善の文化として未来に残すことは、選手、関係者の責任・義務でもあります。そのための第一歩は、スポーツの世界でも、日常生活でも、まず相手を「敵」と呼ばないことから始めることです。なぜなら、対戦相手がいなければ、スポーツの試合もできないし、一人だけではかけがえのない人生ゲームも楽しめないからです。

（近藤良享）

【注】

1)フレイリー、近藤他訳、『スポーツモラル』、不昧堂出版、一九八九年。

4・スポーツマンシップを超えて―なぜベストをつくすのか―

■勝てば官軍!

「私たち選手一同は、スポーツマンシップに則って正々堂々と戦うことを誓います」

抜けるような青空の下、静寂を破り、選手宣誓の声がグラウンド一杯に広がります。

二〇〇×年十月×日、体育の日。A県中学校ソフトボール地区大会の幕が切って落とされました。緒戦、N中学校対S中学校。N中学校の攻撃で試合開始。小柄な一番打者の紗織は捕手寄り、しかもホームプレート寄りのところで前かがみに構えました。打つ素振りひとつみせません。投手にとっては、ストライクゾーンが小さく、投げにくい相手です。結局、紗織は相手投手から四球を誘い、一塁に出塁しました。

二番手は、いかにも駿足そうな真美。左打席で投手寄りに構えています。バントをするのは明らかです。予想通りバントです。バントだとわかっていても、うまく処理できないのが中学生。前進守備のファーストは、そばを走る真美の足音に気を取られ、一塁にカバーに入った二塁手へ暴投しました。その間に、二人の走者は二塁と三塁に進みました。「落ち着いて、落ち着いて」。守備側は、みんなで

バント攻撃を仕掛けるバッター

声をかけ合います。

三番打者の静がバッターボックスに入りました。その時、攻撃側の監督は、「ファーストをねらえ！」と大きな声で叫びました。エラーで動揺しているファーストは、今にも泣き出しそうです。バックホームに備え内野は前進守備ですが、三番打者にバントはないだろうと高をくくっています。「えっ！」と驚きの声が守備側のベンチからもれました。予想に反し、三番打者はまだ動揺しているファーストめがけて、またバントをしたのです。悪夢の再現。あわてたファーストは、今度はホームプレートのキャッチャーへ暴投。ボールは、だれもいないバックネットに向けてコロコロ転がっていきます。あっという間に二点が入りました。この後の試合展開はご想像におまかせしますが、N中学校は盗塁とバントで難なく点を取り、S中学校の闘志を奪ったことをお話しして幕を閉じます。

これは、教え子の実話をもとにソフトボールの試合場面をドラマ風に再現したものです。N中学校のN先生は、この後の試合も主にバントと盗塁で点を取り、地区大会を制覇し全国大会まで出場したといいます。教え子は興奮しながら、「N先生の戦術はスポーツマンシップに反すると思いませんか?」と私に同意を求めてきました。先の試合場面は問題を焦点化するために、少々誇張していますが、ここではN先生のようなルールに反しない戦術がスポーツマンシップに反するかどうかを考えることにします。

仮にN先生の戦術がスポーツマンシップに反するとすれば、どこがスポーツマンシップに反するのでしょうか。第一に、N先生がソフトボールの面白さである打撃行為を子どもたちにさせず、四球やバントで出塁させていること、第二に、エラーの相手を動揺させ、その相手をねらってバントをさせていることです。私はこの二点をスポーツマンシップに反すると考えましたが、なぜそのように判断するのかその根拠を探ることにします。

その前に、まず最初に明確にさせておきたいことがあります。それは、試合やゲームの本質に関わること、つまり「試合やゲームとは何か」ということです。私は、試合や競技的なゲームの本質とは「対戦相手同士が同意したルールのもとで、選手が互いに最善をつくし、卓越性を相互に追求すること」だと考えています。もっとわかりやすくいえば、最善をつくして相手よりも優れていることを示すことだと思っています。

そしてこのように考えるからこそ、この場合、私たちは打者が打撃技能で勝負することをよいプレイとする価値基準を持つことになります。たしかに、四球やバントはルールに反しませんが、N先生の戦術は、打撃技能での勝負を放棄している点、つまり正々堂々と戦わず、最善の力をつくしていない点がスポーツマンシップに反します。しかも、バッターボックスで小さく構えるように指示を出すなど、姑息な手段を使っています。姑息とは、少々感情的になりました。

ここは冷静に、N先生に代わって反論すれば、N先生はきっと、打撃技能の未熟な紗織が小柄という身体的特徴を活かして四球を選ぶことは三振に優り、駿足を活かしたセーフティバントは犠牲バントに優る戦術だと主張するでしょう。打撃・捕球・送球技能が未熟な中学生の場合、打たせず四球で、あるいはバントで相手のエラーを誘い出塁させる指導者はしばしばいるそうです。

しかし、打撃技能が未熟という理由で、四球やエラーを期待したバントを認めることは、最善をつくして相手よりも優ろうとすることや打撃技能の上達という卓越性の追求を否定することになります。打撃練習を十分に行い、「三振でもいいからいい球を打つ」ことと、打撃技能の上達をあきらめ「打つ以外の手段で出塁する」こととは、明らかに価値追求目的が異なります。前者はスポーツの内在的価値である卓越性の追求を重視するのに対し、後者は卓越性よりも打撃以外の出塁で得られる勝利を重視しています。N先生の戦術をスポーツマンシップに反すると考えるのは、N先生の戦術がスポーツの卓越性の追求よりも勝利追求にこだわりすぎているからです。

次に、エラーの相手を動揺させその相手をねらったバントについては、どのように考えるべきでしょうか。読者のみなさんは、きっとエラーの相手を動揺させたことを非道徳的な行為、またエラーの相手へのバントを卑劣な行為と思うでしょう。このような行為をスポーツマンシップに反すると考えるのは、私たちが相手の不利な条件を利用した戦術をアンフェアとする価値基準を持っているからです。

スポーツマンシップに則るならば、N先生は「ファーストをねらえ！」と叫ぶべきではなく、さらにいえばエラーのファーストが平常心を取り戻すまで待ってあげるべきでした。このように述べたところで、N先生は次のように反論するでしょう。

「バスケットボールではフェイントで相手を抜くこと、テニスや卓球では前後左右へ返球し相手が取れない空間を作り出すことが認められています。エラーした相手を動揺させその相手をねらうことは、フェイントや相手を不利な体勢へ追い込むこととどう違うのですか」と。

この反論に思わずうなずいてしまいそうですね。しかし、N先生の戦術と、フェイントや前後左右への返球とは、明らかにその意味合いが異なります。第一に前者は、相手が最善の状態で卓越性を追求できる状態にはありません。したがって第二に、このような状況で相手の弱点を攻めることは、自身のパフォーマンスの向上にとって何もプラスになりませんし、そのような行為は決して戦略などではなく、よい競争に反するアンフェアなプレイということになります。

逆に後者の例では、このようなプレイや戦術は、結果的に選手の最善のパフォーマンスを引き出すゲームの戦略の一環ということになるのです。このように私は、換言すれば、あるプレイや戦術が卓越性を相互に追求し、互いのパフォーマンスの向上・上達をめざす時、よいプレイやよい戦術と判断し、逆に相互の卓越性の追求を否定し、互いのパフォーマンスの向上・上達と関わりのない行為をよくないプレイやよくない戦術とすべきだと思います。

決して教え子の主張を擁護するわけではありませんが、N先生のとった戦術は、卓越性の相互追求という目的を否定して勝利を得ようとしています。私はこの点で、N先生の戦術はスポーツマンシップに反すると思います。

それにしても「スポーツマンシップに則って……」という選手宣誓は、単なるお題目になっているのでしょうか。今、さまざまな大会が行われていますが、案外「勝つためにはルールを破るぎりぎりのところで何をしてもよい」という指導がなされ、またそのようなチームが勝ち残っているのではないでしょうか。もはや選手宣誓は、皮肉をこめていえば、「私たち選手一同は、勝利至上主義に則って、どんな姑息な手段を使ってでも勝つことを誓います」と変更されるべきかもしれません。

■正々堂々と戦ってこそ!

恐らく多くの人たちは、本音のところでは、正々堂々と戦って負けるよりもどんな手段を使ってでも勝つほうがよいと考えるでしょう。名声や富という勝利の美酒を前に、やせたソクラテスでいることはなかなかむずかしいものです。しかし、パフォーマンスの上達や試合内容の質よりも勝利や個人の名声を優先することは、次の二つの例が示すようにスポーツの本質そのものを歪めてしまいます。

一九九九年十月、ジャイアンツの上原浩治投手は、スワローズのペタジーニ選手の三打席目を敬遠後、マウンド上で大粒の涙をみせました。松井秀喜選手とペタジーニ選手の本塁打王争いを重視したジャイアンツベンチは、上原投手に敬遠を命じたのです。一打席目、二打席目と敬遠のサインに従わなかった上原投手は、三打席目にベンチの指示に従いました。上原投手の涙は、最後まで正々堂々と勝負できなかったことへの悔し涙でしょうか？　個人タイトル争いをしているライバル打者をチームメイトの投手が四球で歩かせることは、ペナントレース終盤にはよくみられることです。眼前の勝負よりも個人タイトルを優先させることはしばしば批判されますが、おおむね日本では容認されています。このような日本の状況に対して、先年、アメリカのマグワイア選手とソーサー選手は、最後まで直接対決で本塁打王を争いました。後日、ある雑誌の対談で上原投手自身「勝負するのがプロだと思っていた……」[1]と述べていますが、私も正々堂々と勝負してほしかったと思います。

上原投手の敬遠は、個人タイトルが正々堂々と競い合った結果、つまり卓越性の相互追求の結果与えられるという大前提を否定しています。パフォーマンスの向上・上達よりも個人タイトルの獲得を優先することは、卓越性を追求するというスポーツの本質を否定することです。プロだから試合内容の質よりも個人タイトル獲得で得られる名声や富という外在的価値を重視するのだと反論されそうですが、その道のプロだからこそパフォーマン

不本意な敬遠の投球に涙を流す上原投手
（共同通信社提供）

スの卓越を競った名勝負を歴史に残してほしいと思います。

パフォーマンスの向上・上達や試合内容の質よりも勝利や個人の名声が優先される構造は、アマチュアの世界でもみられます。一九九二年の夏、全国高校野球選手権大会、明徳義塾高校と星稜高校の試合で、明徳義塾高校の投手は、星稜高校の四番打者・松井秀喜選手を五打席連続敬遠しました。この五打席連続敬遠は、全国でいろいろな反響を呼びました。明徳義塾高校の采配を支持するものから批判するものまでさまざまでした。この采配への批判の声が勝利至上主義の歯止めとならなかったのは、日本社会全体がスポーツにおける勝利至上主義を容認していたからといえるのかもしれません。明徳義塾の監督自身、この敬遠策を勝つために当然のことと考えていたようです。この件以降、高校野球は、勝利至上主義的な傾向をますます強めています。

いったい勝利至上主義という暴走列車を止める「ブレーキ」とは何でしょうか。教育の一環としての高校野球は、結果よりも過程を重視すべきだと声を大にして主張することでしょうか。あるいは、日本人は武士道の精神を思い出すべきだと精神主義を強調することでしょうか。

私たちはこれまで、勝利至上主義への歯止めを教育や精神主義などの、スポーツとは別のものに求めてきました。教育そのものの既成概念が崩れようとしている今、勝利至上主義の「ブレーキ」を、スポーツの「外」に依拠せず、スポーツそのもののなかに見いださなければなりません。

したり顔で結果よりも過程を重視すべきだとか、勝利に対する皮相な禁欲主義を主張することはやめましょう。競争の結果としての勝敗を安易に否定したり、軽視してはいけません。勝敗は先述したように、競技者同士が互いに持てる最高の力を出しあった結果の産物ですから。だからこのように考えれば、くどいですが、プロ・アマを問わず、卓越性の追求よりも勝利を優先することや競技者が最善をつくしていないプレイは、決してよいプレイではなく、当然、敬遠もよいプレイではないといえると思います。

ちなみにアメリカでは、敬遠四球は、ピッチャーのプライドを傷つける行為とみられています。また、タイトルの獲得や記録保持のためにライバル打者をチームメイトの投手が四球で歩かせることは、アメリカでは最も恥じるべきことと思われています[2)]。ここにアメリカと日本のスポーツ文化の違いが如実に現れています。

■クオリティ・オブ・スポーツを求めて

十年ひと昔といいますが、明徳義塾高校の五打席連続敬遠は、もはや話題にあがることもなくなりました。正々堂々と勝負することにこだわった上原投手の涙も、やがて忘れ去られることでしょう。日本でスポーツが名声・富を得るための手段ではなく、文化として存立するのは、いったいいつのことでしょうか。

日本では、スポーツマンシップは「運動家精神」と訳されてきましたが、スポーツ発祥の地イギリスでは、スポーツマンシップは「スポーツマンらしい振る舞い」という意味で用いられてきました。「スポーツマンらしい振る舞い」とは、十九世紀後半イギリスのスポーツの担い手たち、つまりお金と暇を十分に持ち、報酬を求めずスポーツを楽しみとして優雅に行うことのできたクリスチャン・ジェントルマンたちの振る舞いをさしています。クリスチャン・ジェントルマンという言葉通り、スポーツマンシップは、礼儀正しい振る舞い、正々堂々と戦うこと、公正であること、協力することなどを意味しました。

このようにスポーツマンシップは元来、スポーツの試合やゲームでのパフォーマンスの向上・上達や質的向上を目的とした言葉ではなく、むしろ対人倫理にもとづく試合やゲームの「外」での行為を意味する言葉でした。現在スポーツマンシップに対し、有閑階級のエートスと結びついた男性中心の考え方という批判もあります。

このように考える時、私はスポーツにおけるよい行為の指針は、まずスポーツのなか、つまり試合やゲームの質的向上や卓越性をめざした行為そのもののなかにこそ求めるべきだと思い始めています。パフォーマンス、戦術、フェアプレイなど、スポーツの質を向上させるよい行為とは何か。この観点から、さまざまなプレイについてその是非を考えてみると、新しいスポーツパーソンシップの全貌が、ほのかにもみえてくるような気がします。

（友添秀則・梅垣明美）

［注］

1）週刊文春、一九九九年十一月十一日号、第四十一巻第四十三号。
2）玉木正之・ロバート・ホワイティング、『ベースボールと野球道』、講談社、一九九一年。

第7章

スポーツと公共の倫理学

1・こんなものいらない！ ―国民体育大会を倫理する―

■赤字なのに国体なんて！

長引く不況のなかで、各企業の決算は、赤字の報告が相つぎました。「公務員は不況に強い」といわれますが、今回の不況はこの神話をも崩しそうな勢いです。神奈川県は、一九九九年三月から四回分のボーナスを八～三十%カットしています。企業が軒なみ、賃金カット、人員削減を行うなか、私たちは自治体のリストラも当然と笑っていられるでしょうか。

自治体の財政難は職員の家計のみならず、あなたの家計を襲う深刻な問題でもあるのです。たとえば、自治体の財政難によって、あなたやあなたの家族は医療費の負担増や子どもの学費の値上げに苦しむかもしれません。また、公共サービスの低下に不便を感じたり、不快に思ったりすることがあるかもしれません。ちなみに、一九九八年度の財政難の自治体ワースト一位が大阪府、二位が神奈川県でした。皮肉にも、大阪府が一九九六年、神奈川県が一九九八年と国民体育大会(国体)を開催しました。国体開催が自治体の財政赤字の直接の原因ではないでしょうが、国体には莫大な資金が投入されました。

神奈川県が財政危機宣言を出したのは、一九九七年の九月です。その翌月に国体が開催されました。国体の運営費は九十億円、関連施設の建設費は二千四百億円、また新しい施設の維持費は年間四十億円にもなるといいます。同県は七年連続の財政赤字に陥り、毎年平均二千六百億円もの県債を発行してきました。国体用の豪華なスポーツ施設は、借金で建設されたといっても過言ではないでしょう。借金してまでスポーツ施設を建設するという事態は、税収入が多かったバブル期の計画がそのまま実行されたために起こりました。

これがあなたの家庭での話なら、あなたはきっと豪華な外国車の購入を中止し、燃費や維持費のかからない車に変更するでしょうね。豪華なスポーツ施設が公共料金の値上げを招くとなれば、国民生活を明るく豊かにするはずの国体が、国民生活を暗く貧しくするといえるかもしれません。「国体なんかやめてしまえ!」との声が聞かれるのもうなずけます。

国体のために巨額の公共投資がなされることを強調しましたが、国体批判の立場からは、この他、次のような問題があげられます。(1)開催県が総合優勝するという不文律があるため、選手獲得をめぐってさまざまな問題が生じていること、(2)マスゲームなどの練習によって、学校教育に弊害が生じていること、(3)国籍条項によって、定住外国人の参加が制限されていること、などです。国体批判者は、このような問題を理由に、国体廃止を声高々にとなえます。

■国体は本当にムダなの？

国体は多くの問題を抱えていますが、国体廃止との結論は少々極端すぎないでしょうか。と書けば、不景気のまっただなか、「税金の無駄遣いだ」と国体を批判の俎板《まないた》にのせている人や、「国体には多くの問題がつきまとう」と国体を毛嫌いする批判者からは叱られてしまいますね。でも私は、感情的に国体廃止と結論づける前に、国体の賛成意見にも耳を傾けてみる必要があると思います。

国体に賛成する人たちは、国体のための公共投資を無駄遣いとはみずに、開催県のスポーツ振興に役立つことという積極的な見方をします。これは、国体がなければ、スポーツ施設の新設・整備に多額の予算が投入されることはないという考え方にもとづいています。

ジョギングをするとき、あなたはどこで行いますか。この質問に対する答えによって、国体があなたの地域のスポーツ施設の充足に本当に役立っているかどうかを考える判断材料が与えられると思います。同様に、泳ぐとき、友人とテニスをするとき、仲間とバレーボールをするときは、どこで行いますか？

学生や学校関係者であれば、学校のスポーツ施設をあげるでしょう。でも、だれもが学校の施設を利用できるわけではありませんから、学校の施設以外のことを考えてみましょう。私個人の意見をいわせてもらえば、私は近くの公園、プール、公営のテニスコート、体育館と答えます。これらはそのほとんどが、以前に私が住む街で行われた国体のために新設・整備されたスポーツ施設です。

ある公営のスポーツ施設は、体育館や運動場の他に、トレーニングルーム、キャンプ場、図書館、児遊館、人形劇専用劇場などの文化施設を完備し、国体後も地域住民に開かれた施設として大いに利用されています。このような多目的型のスポーツ施設は、国体がなければ建設されなかったかもしれません。

そもそも私たちには、スポーツ参加によって得られる健康、自尊心、楽しみなどの利益を受ける権利があり、一方社会には、スポーツ参加の機会を保障するために、公園、ジョギングコース、運動場、体育館などのスポーツ施設を提供する義務があります。つまり、あなたがジョギングをしたいと思ったとき、社会はあなたが気軽にジョギングを楽しむための公園、あるいはジョギングコースを提供する義務があるのです。

もしあなたが先の質問に一般道路と答えたならば、あなたの住む社会は、あなたにスポーツ参加という権利を十分に保障していないことになります。「どこでも走れたらいいの!」と我慢する必要はありません。だって健康のためにといいながら、あなたは車の排気ガスを吸って走らなければならないほど、不健康な環境にいることになるのですから。現実的に考えて、国体がスポーツ施設の充足という義務を果たす重要な役割を担うとすれば、私たちは国体廃止と結論づける前に、国体のあり方を検討したほうがよいと思いませんか。

■無駄遣いと嘆く前に!

まず、国体用のスポーツ施設が本当に無駄かどうかを考えてみましょう。

人口２万人の町に新設された体育館

神奈川県のある町では、馬術人口が三人しかいないのに、二十九億円もの費用をかけて国体用の馬術場を建設しました。バブル期であれば乗馬を楽しむ人が集まったかもしれませんが、バブル崩壊後、多くの利用者は期待できないといいます。

私の身近な例でいいますと、私の友人が住む人口二万人のある町は、国体用の既存の体育館があるにもかかわらず、国体開催の決定後、十二億円の総工費をかけて体育館を新設しました。「新設体育館よりも、既存の体育館のほうが安価で使いやすい」とはある住民の話です。私も親しい友人とバレーボール大会を企画し、その新設体育館の使用を申し込んだのですが、休日は毎週競技会に使用され予約がむずかしいということでした。

また、使用するには、一日四千円弱（町外

者は八千円弱）の使用料と一時間ごとに五百円の電気代が必要です。公共サービスである図書館、公園などは無料で使用できるのに、スポーツ施設はなぜ有料なのかと疑問に思ったことを覚えています。

これらの例に限らず、国体開催県では、十メートルの飛込台を備えた巨大プールや何万人もの観客を収容できる立派な競技場が何十億という費用をかけて建設されます。多額の税金を使って建設しても、国体後の施設稼働率は低く、維持が大変という話です。結局、住民は、競技会の合間に、民間のスポーツ施設なみの使用料を自己負担して公共サービスを受けているようです。これでは、税金の無駄遣いといわれてもしかたがありません。

しかし、このような施設運営は、税金を有効利用するように改善することができると思います。国体を控えた自治体は、国体後の地域のスポーツ振興を最優先にしたスポーツ施設の建設を行うべきだと思います。たとえば、国体後に利用価値の少ない施設の建設は行わないこと、巨大競技場ではなく公園、キャンプ場、遊戯場、図書館などの文化施設を備えた多目的施設を建設すること、あるいは町おこしの一環として地域住民とともにスポーツ施設の建設を考えることなどです。

また、国体を終えた自治体は、施設の利用にあたって、地域住民のスポーツ生活を豊かにすることを最優先に考えるべきでしょう。たとえば、限られた競技者だけでなく住民だれもが気軽に参加できるスポーツイベントを企画すること、一流の競技会を誘致し、「みるスポーツ」を振興することなどです。

国体が「税金の無駄遣い」といわれるのは、何もスポーツ施設の建設に限りません。国体では、選手に多額の税金が使われます。たとえば、報奨金制度や国体選手の強化費があります。「ふくしま国体」（福島）での選手強化費は、一九九二年から四年間で約二十九億円、「なみはや国体」（大阪）では、一九九四年から三年間で約千五百六十四万円[1]でした。各自治体の職員の接待費が問題視されますが、不思議にも、一部の選手のために多額の税金が使われることは、これまで重大な社会問題となったことはありません。

国体選手に多額の税金が使われることは、不平等ではないのでしょうか。もしこのような不平等な配分が正当化されるのであれば、それはどのような条件によるのでしょうか。私たちは、優れた選手の能力が正しく評価され、その能力が最大限に発揮されるよう配慮されることに反対はしないでしょう。それは、私たちが優れた選手への特別扱いをある程度許容する社会に住んでいるからです。ただし、このような優れた選手への不平等な扱いは、社会全体に配分できる内在的な善がある場合にのみ正当化されるといいます。

たとえば、あなたと同じバレーボールチームに所属している友人が、国体強化選手に選ばれたと仮定して、次の二つの場合を考えてみましょう。ひとつは、その友人が、最低限の補助を受けて強化合宿に参加した後、チームの勝利に貢献し、チームメイトにすばらしい技術指導を提供した場合です。さらに国体後、その友人は、自ら望んで自治体のスポーツ指導員となり、地域住民のスポーツ指導に力を注ぎます。もうひとつの例は、その友人が、合宿費を全額補助される他、贅沢な歓迎会に招かれ、記念品やブレザーなどを受け取り、しかも国体後、あなたのチームから姿を消し、住民票を移して他県の選手として出場した場合です。

おそらく前者の例では、選手強化に公費をあてることに反対する意見は少なく、後者の例では、逆に反対する意見が多くなるでしょう。というのも、これらの判断は、常識的にみて、優れた選手への特別扱いが許容できる範囲かどうか、また優れた選手への特別扱いがその後、社会や納税者に還元されているかどうかによってなされるものだからです。

税金の無駄遣いとすべてを否定してしまう前に、納税者であるあなたは、実態がどのようになっているのかを把握することが大切です。そのうえで、私たちは地域のスポーツ振興という観点からスポーツ施設の建設・運営および選手育成のあり方を考えることが大切です。そのためには、自治体は何よりもまず、納税者に税金の使途についての情報を開示する必要があり、地域住民の声が反映できるようなシステムをつくる必要があります。

このように国体のよりよい方向を探ることは、先に述べた国体の問題点を解決する糸口を提供するように思われます。なんでも反対と決め込む前に、国体がどのようにあるべきか、まず市民の一人として考えてみることのほうが大切だと思います。

■国民の体育大会から地球市民のスポーツ祭典へ

日本には、小学生から高齢者までを対象とした、競技志向型の各種スポーツ大会が氾濫しています。また、日本のスポーツ施設には、トップレベルの世界大会を開催できる規模のものも多くなりました。

「戦後の壊滅した日本スポーツの再建を！」という国体の目的は、今や十分に果たせたとはいえないでしょうか。このような状況のなか、国体はさま変わりすべき時期にきているように思えます。新たな国体に向けて、いくつかの提言を試みてみましょう。

第一に、国体の目的は、競技レベルの向上から地方のスポーツ振興と地方文化の発展へと方向転換されるべきです。税金は十メートルの飛込台を備えた巨大プールを建設することよりも、いつでも無料で利用できる簡易プールを建設することに、国体選手を強化することよりも、スポーツ指導者を育成し、採用することに使われるべきです。勝利至上主義をあおる天皇杯・皇后杯を廃止し、たとえば「平等・自由・自治」というコンセプトにもとづいて地域のスポーツ振興に努めた自治体や団体を表彰するシステムにすべきです。

第二に、国体は、すべての人にスポーツ参加にともなう基本権利を保障するという観点からとらえなおすべきです。これによって、青少年から高齢者まで、健常者も障害者も、日本国民に限らず定住外国人も、市民だれもがともに参加できる国体への転換を可能にします。

あなたは、国体についてどのような意見を持っていますか。私たちのまわりのスポーツ環境をより豊かで、より文化的なものにするために、私たち一人ひとりがよく考え行動することが大切だと思いませんか。

それにしても「情報開示」の必要性と重要性が叫ばれている今、どこを探しても国体に関する明確な会計報告がないというのは、不思議だと思うのですが……。

［注］

1)この選手強化費は、福島県の二十九億円と比べて余りにも少ないと思われるが、このような金額になるのは、会計報告が公開されないことに原因がある。公金が使われているのに、その収支報告がないのは不思議な現象である。

（友添秀則・梅垣明美）

2・オリンピックからの卒業——オリンピックを倫理する——

■オリンピックから連想するもの

オリンピックから、あなたは何を連想しますか？　友情！　感動！　フェアプレイ！　それとも平和でしょうか？　私がオリンピックから連想するのは、明るくて爽やかなイメージとは違うものです。まずは、それをオムニバスふうにお話したいと思います。

さて第一幕は、一九六四年の東京オリンピックです。私は、戦後最大の国家的大事業であった東京オリンピックが開幕した日のことを、小学校に入ったばかりのころなのに今でもよく覚えています。それは大阪に住んでいた幼い私にとって、一方では華やいだ遠い世界の幻想的なできごとでした。そしてまた他方では、幼なじみとよく遊んだ原っぱや遊び場がブルドーザーで土けむりをあげ、瞬く間に地下鉄や新幹線の殺風景な工事現場に変貌した現実的な思い出にもつながります。

華やいだ幻想と土けむりの工事現場。この二つのアンビバレントな思い出と同時に、もうひとつ、決して忘れることができないものがあります。それは、東京オリンピックでマラソン三位に入賞した、苦渋に満ちた円谷選手の顔です。小さな体を揺さぶりながら顔を歪め、今にも倒れそうなおぼつかない足どりで代々木の国立競技場に駆け込み、ゴール後、芝生に倒れこんだ円谷幸吉。彼を初めてのカラーテレビで観て、子ども心に円谷がもう永久に立ち上がれず、死んでしまったのではないかと急に不安になったことを覚えています。

「父上様、母上様、三日とろろ美味しゅうございました。干し柿、モチも美味しゅうございました。…（中略）…父上様、母上様、幸吉はもうすっかり疲れ切ってしまって走れません。何卒お許し下さい。気が休まることもなく御苦労、御心配をお掛け致し申しわけありません。幸吉は父母上様の側で暮らしとうございました。」

後年、自らも命を絶った川端康成は、メキシコ・オリンピック開催の一九六八年一月に自殺した円谷幸吉のこの遺書を「美しくて、まことで」「千万言もつくせぬほど哀切である」と評しました。そして彼の自死は、自我が芽生えかけた私に決定的な何かを残しました。

つづいて第二幕は、大学院生のときです。一九八八年のソウル・オリンピックを正式決定した一九八一年のバーデンバーデンのＩＯＣ総会。この総会の前、最後までソウルと招致を争った名古屋市や愛知県では、環境破壊、巨額の地元財政負担、福祉切り捨て反対を旗印に、招致反対運動が市民運動として盛りあがりました。事前予想では圧倒的に有利とみられた名古屋がソウルに敗れ、韓国の人たちがサマランチIOC会長のソウル宣告を聞いて抱き合い狂喜する姿が印象に残っています。その一週間後、名古屋市への招致運動を主導した当時の仲谷愛知県知事が自殺しました。私はこの事件も決して忘れることができません。仲谷知事は私の知人のお父さんでもありましたから。

最後の第三幕は、一九九六年のアトランタ・オリンピック開会式です。ローマ・オリンピックのボクシングで優勝し、世界へビー級王座に三度輝いたモハメド・アリによる点火式。その点火式でテレビ画面にクローズアップされるアリのむくんだ顔、そして点火台に差し出された大きく震える彼の左手。それはパンチドランカー特有の後遺症によるものです。大会の二日前にあったトランスワールド航空機の爆破やオリンピック公園での爆弾テロの惨状とアリの姿に、私はオリンピックの暗雲たちこめる行く末を重ね合わせたことを覚えています。

このように、私のオリンピックイメージは、世間一般の「躍動」や「栄光」といったプラスイメージではなく、むしろ「破滅」や「死」という暗いイメージと直結したものです。そして後述するように、近代オリンピックの歴史は、さまざまな問題を山積してきた歴史でもありますから、あながち私のこのイメージもあたらずといえども遠からずと思っています。

さてここでは、一九九八年末から招致をめぐる買収スキャンダルで揺れつづけたオリンピックを、前節の「国体」のときとは立場を変えて、ロールプレイに徹してあえて批判的な立場から述べてみた

アトランタで爆弾テロ

五輪記念公園　深夜コンサート中

1人死亡、110人けが

【アトランタ27日＝上治信悟、水末和夫】第二十六回夏季オリンピックが開かれている米アトランタ市内中心部の屋外コンサート会場で二十七日午前一時二十五分（日本時間同日午後二時二十五分）ごろ、大きな爆発があり、少なくとも女性一人が死亡、百十人が負傷した。米連邦捜査局（FBI）は、パイプ爆弾によるテロ事件と見て捜査を始めた。五輪がテロの標的とされたのは一九七二年ミュンヘン大会でパレスチナ・ゲリラが選手村に侵入し、イスラエル選手・コーチ十一人を殺害して以来。競技は二十七日も予定通り始まった。クリントン米大統領は同日、テロ非難と五輪精神の継続を強く呼びかけた。

（3面に「時時刻刻」、27面に関係記事）

五輪100周年記念公園内で爆発が起き、手当てを受けるけが人＝27日午前1時30分、米ジョージア州アトランタで、浅野哲司写す

爆発が起きたのは「五輪百周年記念公園」内のコンサート会場。ロックバンド演奏中に、「ドーン」という大きな爆発音とともに、ステージ付近にあった照明灯や音響設備が吹き飛んだ。周辺にいた数人が爆風で飛ばされるなど、観客ら百十人が負傷し、病院で手当てを受けた。AP通信によると、死亡した女性のほか、直後に現場に駆けつけようとしたトルコの国営ラジオテレビ局のカメラマン一人が心臓発作で死亡したという。負傷者の中に日本人は含まれていない模様。

事件後、記者会見をしたFBIのウッディ・ジョンソン特別捜査官によると、爆発前に公園内で放送にあたっていた米NBCテレビの施設近くで、アトランタ市警の警察官が不審な小包を発見。爆発物の処理の専門家が観客らを避難させている最中に爆発が起き、警官も負傷したという。

同捜査官は、パイプ爆弾が使われたと断定。事件の直前、公園近くの公衆電話からアトランタ市警に予告電話があった。ジョンソン特別捜査官は「現段階では、テロと見なさざるを得ない」と語った。現場には昨年発生したオクラホマシティーの連邦政府ビル爆破事件などを担当したテロ専門の捜査官が派遣されている。

同記念公園は、体操や柔道などの主要競技会場や、アトランタ五輪組織委員会

アトランタ・オリンピックでの爆弾テロを伝える新聞記事
（1996年7月28日、朝日新聞）

いと思います。

　このように、ある対象を徹底的に批判にさらすことも、スポーツを倫理するうえでは重要な方法です。読者であるあなたが、長野の感動に涙し、オリンピックに感激したいと思っているオリンピック大好き人間なら、私の反《アンチ》オリンピック論に腹立ちいらだつかもしれません。でも、そこはぐっと我慢して、「感情論」でも「（損得）勘定論」でもない冷静な反論で、私の反《アンチ》オリンピック論を論破

してみてください。そしてもしあなたが、私の反《アンチ》オリンピック論を論破できなければ、これまでのオリンピックの虚像から卒業しませんか。

■オリンピックの現実

今あなたが、世界で一番大きな企業の名前をあげるとすれば、どんな会社が浮かぶでしょうか。トヨタ、コカ・コーラ、マクドナルド、それともコダックですか。知名度の点では劣るけれど、私なら間違いなくIOCをあげます。

それは、資産約百四十億円（一億千八百万ドル）で、年間およそ一千億円の収入をあげ、「国連」よりも多い百九十九ヵ国・地域の人から構成される世界最大の多国籍企業だからです。それに社長のサマランチ氏は敏腕ですし、スポーツ・パフォーマンスという商品は、約十社ほどのTOP協賛企業[1)]や百〜二百社ほどの公式サプライヤーという取引先企業やテレビ局に、驚くような高値で売れます。出費といえば、七〜八億円程度のIOC本部の百人ほどのスタッフのサラリーと放映権料の約半分を開催都市の組織委員会に払い、残りの三分の二をIF（国際競技団体）とNOC（各国オリンピック委員会）に払うだけですみますから。そしてきわめつけは、なんといっても会社を支える競技者という従業員には、賃金を払わなくてもいいんですから、こんな企業は、どこを探しても見当らないと思います。

でもこの会社、他の大企業とはずいぶん違う点があります。まず第一に会計報告書はいちおう出していますが、収支決算は公開されていません。

第二に、大企業の割に、社長の独裁と私的経営が目立ちます。たとえば社長サマランチ氏は一年中、スイス・ローザンヌの五つ星のホテル住まいで、一九九八年度では、ホテル代だけで年間約二千四百万円を私的に使っています。また、世界中に散らばった会社のトップ[2]や重役[3]には、本社ローザンヌでの会議にあたり、航空機代・宿泊代・電話代が会社持ちですし、理事会にはひとり一会議につき約十万円支払われます。また社長は、自ら二百ドル以上のプレゼントはもらってはいけないと決めておきながら[4]、日本から各二百万円相当の日本画と日本刀をちゃっかりもらっていました。そして、社長ポストを手放したくないためか、七十二歳定年の会社の「決まり」を二度も延長し、八十歳に変えてしまいました[5]。

そして第三に、一部の重役の選任にあたっては、社長のコネ人事が行われているという黒いウワサが昔から絶えませんし、少なくない重役たちが社長を真似てか、営業で「ゆすり」「たかり」まがいのあげく、ワイロを受け取るなどのハレンチな行いを繰り返してきました。あなたが株主なら、株主総会でこんな社長や重役たちをクビにしますか?

皮肉を込めてIOCを会社にたとえれば、このようになるのではないでしょうか。一九八〇年のサマランチ会長就任以来、民営ロサンゼルス・オリンピックの成功を経て、一九八〇年代以降、IOCは世界的なスポンサー制度を導入し商業主義に徹してきました。そして、スポーツ用品メーカーや広告代理店がつくり出した利権に関係者が群がり、招致関係者はIOC委員に近づくという構図ができあがりました。オリンピックがいかに商品価値を高めていったかは、**図3**に示したオリンピックのテレビ放映権料の推移をみれば一目瞭然です。
　放映権料は、一九八〇年のモスクワ・オリンピック、レークプラシッド・オリンピックと比べて、一九九六年のアトランタ・オリンピックではおよそ九倍、長野オリンピックでは約二十四倍に膨れあがっています。このようなテレビの放映権料のみならず、コカ・コーラなどのTOP協賛企業やセイコーなどの公式サプライヤーからの広告収入を合わせれば巨額のカネがIOCにころがりこみます。IOCの会議の討議内容は非公開ですし、収支決算などの情報公開もせず、トップが長年居座り、外部からのチェック機能をもたない組織ですから、「必ず腐敗するのは歴史の必然的な法則である」などと大上段にいうのは大げさでしょうか[6]。

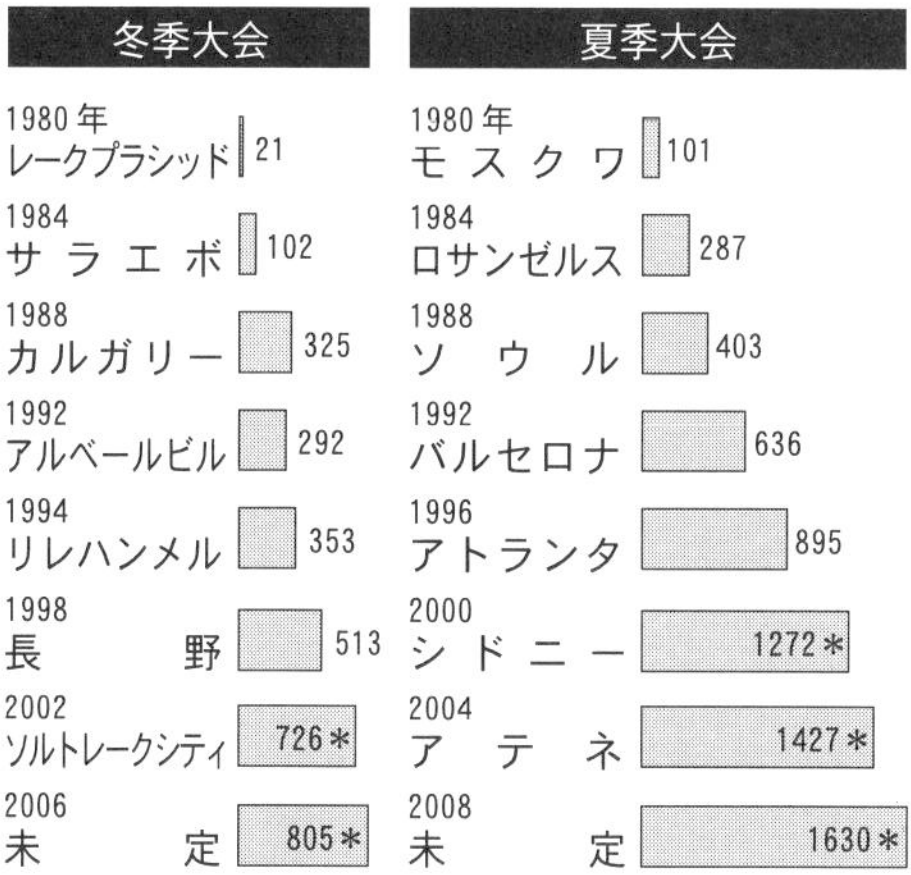

図3　オリンピックのテレビ放映権料
（単位は100万ドル、※は1999年1月現在、1997年1月27日付、朝日新聞から引用）

　さてそれでは、今のオリンピック大会はどのような実情にあるのでしょう。一九九六年のアトランタ・オリンピックでは、選手・役員合わせて一万六百二十四人が参加しました。開幕から爆弾テロまでの間に、一日百件以上の脅迫電話があり、そのうちの約四十件が爆破予告だったといいます。予期せぬ爆弾事件の発生や延べ二百万人以上の観衆では、当初計画の民間ボランティアによる警備では限界があり、アトランタ市警を中心に約三万人の警備員が動員され、二億二千七百万ドルの警備費が使われました。

まだ記憶に新しい長野オリンピックでは、二千三百二十人の選手、役員千四百六十四人が参加しました。観客総数は百二十七万人にのぼったといいます。シドニー・オリンピックでは、延べ約八百二十万人の観客やオリンピック関係者が訪れると推測されています[7)]。

このように現代のオリンピックは、大会会期のわずか二週間ほどの間に膨大な数の報道陣、観衆が一ヶ所に集まりますから、どうしても治安が悪化したり、食料品などあらゆる日用品の高騰が生じるようになります。それ以上に、大会施設の新設や交通網の整備のために、大会前の長期間、自然破壊を目のあたりにしたり、環境の悪化に苦しんだり、地価の高騰に悩んだりすることにもなります。

長野オリンピックでは、招致委員会の会計帳簿が焼却され問題になりましたが、決算報告によれば招致に至るまでの二年余りの間に、十九億五千九百万円が使われました。このなかには問題となったようなＩＯＣ委員への温泉接待や京都観光などのでたらめな接待費も含まれているのですが、この招致費用のなかにも税金が含まれています。

長野県、長野市、山ノ内町、白馬村からの交付金や負担金は八億三千万円にものぼっています。また、長野オリンピックの招致委員会や組織委員会には多くの県市町村の職員が動員されました。そして大会の運営費は千百四十二億円で、主な収入源はテレビ放映権料三百四十六億円、スポンサー収入二百八十一億円で、不足分は入場料収入、協賛宝くじなどで賄われました。

一方、Mウェーブなどの施設建設費用は全部で千八百二十三億円かかっています。これは、国からの補助金や県・市町村が発行する地方債、つまり借金で賄われ、今後長い年月をかけて税金で返す形になります。これらの他に、オリンピック施設の大会後の維持費も大きな問題です。たとえば、ジャンプ競技場は年間一億円、ボブスレー・リュージュ会場だったスパイラルは年間一億八千五百万円かかります。結局、これらの維持費にも税金が投入されることになります。

一九七六年のケベック州で開催されたモントリオール・オリンピックでは、モントリオール市がオリンピック関係の負債を返すのに一九九三年まで、なんと十七年かかりました。ケベック州では、タバコ税に上乗せして負債を返してきましたが、完済までにはあと数年かかるといわれています。だからこそ、オリンピックに商業主義が導入されたという前に、わずか二週間ほどのお祭りが、多額の税金を投入したり、環境の悪化や行政サービスの低下を我慢してでも、開催するほどの魅力があるかどうかを考えなおしてみるべきだと思うのですが。

■オリンピックなんかいらない?!

クーベルタンが一八九六年に再興した近代オリンピックは、国際主義と平和主義に代表されるオリンピズムの理想主義とは裏腹に、二度の世界戦争をはさみながら、そのときどきの国際政治を映し出す鏡でありつづけてきました。そしてまた、表3に示すように、さまざまな問題を抱えてきた歴史でもありました。

これらの過去のオリンピックの事実に着目し極論すれば、オリンピックは、人間の偽善をあぶりだすばかりで、皮肉にもスポーツがすばらしい人間を創り、国際親善と平和への貢献を果たすというオリンピズムを実際に具現化した大会などなかったのではないかと思えてきます。そして、オリンピックこそ現実の問題状況を増殖させる装置ではなかったのかとさえいいたくなります。

別言すれば、近代百年のオリンピックは国家体制の威信をかけたステート・アマたちの活躍する勝利至上主義の闘技会から、アマチュアリズムの崩壊とともに、薬にまみれたスポーツビジネスマンが活躍する現金《ゲンナマ》至上主義が支配するカジノへと移行してきたといえるでしょう（表4参照）。そして現実には、近代欧米の植民地膨張政策の進展とともに拡大したオリンピック運動こそは、帝国主義に代表される近代イデオロギーの強化と米ソ二大大国を頂点とする大国の覇権主義に貢献してきたのではないでしょうか。

オリンピックはさまざまな国々の多様な土着の民族スポーツを根こそぎダメにしてきたという見方もあります。別言すれば、セントラルスポーツの祭典であるオリンピックが、民族スポーツをマージナルスポーツ化させたり、極端な場合は文化のジェノサイドとしてそれらを消滅させたとする考えもあります。

オリンピック種目に入らないスポーツに残された道は、「衰退」か「消滅」しかないのでしょうか。

表3　オリンピックの問題史（夏季大会のみ）

開催年	回数	開催地	問　題　事　項
1900年	第２回	パリ	○宗教論争による米選手団の分裂
1904年	第３回	セントルイス	○見世物としての人種差別競技の実施
1908年	第４回	ロンドン	○勝敗をめぐるナショナリズムによる英米選手団の対立 ○ローマが財政難で返上の代替開催 ○初の国旗使用と大会の帝国主義化
1912年	第５回	ストックホルム	○帝政ロシアの植民地フィンランドの国旗問題 ○アメリカ人、ジム・ソープのアマチュア失格
1916年	第６回	ベルリン	○第一次世界大戦のため中止 ○戦火のためＩＯＣ本部、パリからローザンヌへ移転
1920年	第７回	アントワープ	○第一次世界大戦の敗戦国招待されず、
1936年	第11回	ベルリン	○世界中にボイコット論議起こる ○ナチズムへの貢献
1940年	第12回	東京	第二次世界大戦のため中止
1944年	第13回	ロンドン	
1956年	第16回	メルボルン	○旧ソ連のハンガリー侵攻による抗議で、オランダ、スイス、スペインがボイコット ○流血のウォーターポロ事件 ○東西冷戦下でのスエズ戦争によるエジプト、レバノンのボイコット
1964年	第18回	東京	○中国・台湾・南北朝鮮問題
1968年	第19回	メキシコ	○メキシコ国内のオリンピックボイコット運動 ○表彰台での黒人差別抗議行動
1972年	第20回	ミュンヘン	○アラブゲリラによるイスラエル選手団襲撃事件 ○薬物ドーピング失格者の増加
1976年	第21回	モントリオール	○財政難で開催が危ぶまれ、開催後は大幅な赤字 ○アフリカ22カ国ボイコット
1980年	第22回	モスクワ	○旧ソ連のアフガニスタン侵攻に抗議して西側諸国ボイコット
1984年	第23回	ロサンゼルス	○東側諸国ボイコット ○商業主義と結びついたビジネス五輪の開始
1988年	第24回	ソウル	○北朝鮮のボイコットと大韓航空機爆破事件 ○ベン・ジョンソンのドーピング違反 ○メディアによるオリンピック支配の強化
1996年	第26回	アトランタ	○航空機爆破と爆弾テロ

表4　アマチュア規定の崩壊とビジネス五輪への移行

年　代	事　　　　項
1901	○ＩＯＣアマチュア規定制定：次の者をアマチュアと認めない ＝金銭のために競技する者・プロと競技する者・体育教師・トレーナー
1925	○ＩＯＣとＩＦ：アマチュア規定の統一見解を確認
1937	○ワルシャワ総会の決定：選手の休業補償を認めない
1952〜1972	○ＩＯＣブランデージ会長：アマチュアリズムを死守
1962	○ＩＯＣモスクワ総会：オリンピック出場のために、扶養家族が困窮する場合、ＮＯＣは扶養家族に欠勤中の給料を超えない額を保障してもさしつかえないことを決定
1968	○テニスのウィンブルドン大会：賞金授与を認める―他の競技に波及 ○プロ・アマのオープン化
1973	○ＩＯＣキラニン会長：オリンピックの参加資格規程を現実的に改正することを決定
1974	○オリンピック憲章から「アマチュア」という言葉を削除 ○ＩＦ、ＮＯＣの許可があれば、宣伝広告への選手の利用および参加を容認
1980	○サマランチ：ＩＯＣ会長に就任 ○アマチュアリズムの完全崩壊と本格的商業主義へ

あるいはオリンピック標語の「より速く(Citius)、より高く(Altius)、より強く(Fortius)」は、「効率」と「進歩」とを善とする近代イデオロギー（much is better）そのものの表明であり、不幸な殺戮に明け暮れた近代国民国家の根幹を支える思潮であったとみることもできます。また、肉体と道徳のエリートのみが社会改革の担い手であるとするクーベルタンのオリンピズムは、西洋中心のユーロセントリズムに立ったブルジョワ的で保守的な、当初から矛盾をはらんだものであるという見方もあります。

驚異的な情報化の進展と地球の

グローバル化が進んだ今でも、ＩＯＣの公用語が英語とフランス語だけというのはどうしてでしょうか。世界百九十九ヵ国・地域の人たちで構成されるＩＯＣの委員のうち、欧米出身の委員が六割（六十九／百十五）を占めている[8]現状をどのように理解すればよいのでしょうか。

近代国民国家の解体が叫ばれ、国家の枠組みが変更されつつある今、国家のスポーツ占有に貢献し、不正と偽善の温床になってきたオリンピックは、功罪ともにその歴史的使命を終えたのではないかと思います。近代の終焉が叫ばれる今、私たちもここでみたように、多様な問題に揺れるオリンピックから卒業する時期にきているのではないでしょうか。最後にもう一度いいます。そうです、オリンピックは不正と悪の根源です。オリンピックなんかもうやめにしませんか。それとも、あなたが第二のクーベルタンになって、不正と偽善を払拭した新たなオリンピックを再興しますか[9]。

（友添秀則）

［注］

1) アトランタ・オリンピックからシドニー・オリンピックまでのＩＯＣの世界スポンサーであるＴＯＰ（The Olympic Program）協賛企業は十一社である。ただし、コンピュータの世界最大手のＩＢＭが一九六〇年から継続してきたスポンサー契約を、ＩＯＣが要求するスポンサー経費があまりにも高額のため、シドニー・オリンピックを最後に解除することが決まっている。また、オリンピック招致をめぐる買収スキャンダルで、コカ・コーラ社も撤退の方向にある。
2) ここでは、副会長四人を含んで十人のＩＯＣ理事をさしている。
3) ここでは百三人のＩＯＣ委員をさしている。委員・理事数とも一九九九年三月現在の数である。
4) 一九九一年当時のＩＯＣ規約による。一九九九年七月現在では百五十ドル以内。
5) 世界を揺るがせたオリンピック招致をめぐる買収スキャンダル以降、委員の定年制は次のように変更された。しかし、ほとんどの現委員は影響を受けていない。

＊一九六六年以前からの委員は終身委員

＊一九九九年十二月以前に就任の委員は満八十歳定年

＊一九九九年十二月以降就任の委員は満七十歳定年

6) 買収スキャンダルは、一九九八年十二月のホドラー理事の暴露から始まった。IOCでは調査部会を設置し調査を始め、十四人の委員の買収疑惑を公表し、一九九九年一月の臨時理事会では、買収されたこの十四人のIOC委員のうち六人を追放し、一委員を警告処分、三委員を辞任させた。さらに同年の三月には、新たに十三人の委員の疑惑が浮上し、一人が追放、九人が警告処分を受けた。単純に計算すると、当時のIOC全委員のうち、およそ四人に一人が買収されていた可能性があるということになる。

このような混乱のなか、国際世論で辞任要求が出ていたサマランチ会長の信任投票は、賛成八十六、反対二、白票一、棄権一となり、圧倒的多数で二〇〇一年の任期切れまでサマランチ体制は継続することが決まった。IOC腐敗の元凶はサマランチ会長にあると思われるが、九十五％というサマランチ会長の支持率をどう考えればいいのだろうか。

7) 朝日新聞　二〇〇〇年六月七日付。

8) IOCスキャンダルが表面化した後、辞任者が出る前の一九九九年一月末現在。

9) 買収スキャンダルで、皮肉にもIOCは組織の再編や倫理規範の構築に取り組まざるを得ない状況になった。不正をチェックする「倫理委員会」や組織改革に当たる「二〇〇〇年委員会」の設置は国際世論という外圧に押されてできたように思われる。

従来、オリンピック開催地の選考に関しては、IOC委員が各一票の投票権を持ち、総会の多数決で過半数を得た都市（三都市以上の場合、一回目で過半数を得た都市。過半数を得た都市がない場合、最下位からひとつずつ落としていき、最終的に過半数を得た都市）に決定していたが、「二〇〇〇年委員会」ではIOC委員のさまざまな既得権や思惑に翻弄されつつ、二転三転しながら、次のように決まった。

まず、選定委員会で候補を二都市に絞る。その後、全IOC委員の投票という二段階方式である。二〇〇六年の冬季五輪の開催地、イタリアのトリノは新しい選考方法によって決まっている。

また、サマランチ会長の強引な提案で成立した委員の八十歳定年制も、先に記したように変更されたが、どの改革も既得権擁護を前提とした「お手盛り」改革の感が否めない。昨今では、買収スキャンダルのころによく話題になった、「IOCやオリンピックがどのように自己変革するのか」といった、本来、議論されなければならないことがらが棚上げされたように思えてならない。

[参考文献]

○相川俊英、『長野オリンピック騒動記』、草思社、一九九八年。
○小山吉明、「一九九八長野冬季オリンピック　まるごとWatching」、一九九八年、未公刊資料。
○沢木耕太郎、「長距離ランナーの遺書」、新体育、第四七巻第一二号、一九七七年。
○文芸春秋編、「日本の論点」、文芸春秋、二〇〇〇年。
○Eichberg, H., “Olympic sport-Neocolonization and alternatives”, In: The International Review for the Sociology of Sport, 19(1984), pp. 97－105.
○Hagreaves, J., “Olympic and nationalism-Some preliminary considerations”, In: The International Review for the Sociology of Sport, 27(1992), pp. 119-134.

3・サッカーくじは、「打ち出の小槌」か―スポーツとギャンブル―

■二〇〇一年、佐津花（さっか）家の食卓で

二〇〇一年三月吉日。佐津花家の会話。

父　くじ夫(中学二年生，サッカー部)、清水エスパルスとヴェルディ川崎、どっちが勝つかな。

息子　清水エスパルスに決まってるよ。だってヴェルディ川崎の最近の対戦成績は最悪だよ。

父　そうか、清水エスパルスが強いのか。くじ夫はよく知ってるな。お父さん、プロ野球のことならわかるけど、サッカーはどうもな。

息子　急にサッカー、サッカーっていうと思ったら、サッカーくじでひと儲けしようってことか。賞金の半分くれたら、どこが強いか教えてあげるよ。

母　お父さん。子どもをギャンブルに巻き込まないでくださいな。本当、文部省も困ったものだわ。子どもに人気のあるサッカーを賭けごとにするなんて。

父　何言ってんだよ。サッカーくじは、ゲームの流れを予想する知的スポーツだよ。ギャンブル、ギャンブルって、かってにダーティなイメージをつくっちゃダメだよ。

母　勝敗を当てて賞金を得る。ギャンブルそのものじゃない。競馬、競輪、競艇とどこが違うっていうの。

父　お母さん、そんなに興奮しないの。もし当たったら、新しい家を買ってあげるから。

表5　ギャンブルゲームの控除率(テラ銭の割合)

ゲーム	控除率	千円賭けるごとに減っていく金額（平均）
宝くじ（日本）	52〜56%	540円
競輪	25%	250円
小型自動車競走	25%	250円
モーターボート競走	25%	250円
地方競馬	25%	250円
中央競馬	23〜25%	230〜250円
パチンコ	10〜15%	100〜150円
トトカルチョ（ラスベガス）	5〜8%	50〜80円
ルーレット（アメリカ）	5.26%	53円
バカラ（バンク）	1.36%	14円
バカラ（プレーヤー）	1.17%	12円

(引用：谷岡一郎、『ギャンブルフィーヴァー』、中央公論社、1995、p.141および115、ただし、一部改変)

母　お父さん、何もわかってないのね。アメリカのトトカルチョの控除率（テラ銭）は五〜八%なのに、日本の競馬や競輪の控除率は二十五%、サッカーくじの控除率になると五十%よ。だいたい、日本の公営ギャンブルの控除率は高すぎるのよ（**表5**参照）。控除率五十%になると、完全に搾取よ。国が儲けるためにつくったようなくじじゃない。当たるわけないでしょ。

父　へーよく知ってるね。でも売上金の一部は、スポーツ振興助成金として使われるんだよ[1)]。負けたって、お国のために寄付しているんだって考えたら、まんざら悪くもないよ。

母　もう、お父さんたら、どこまでお人よしなの。売上金の一部っていうけど、よくみてごらんなさい。仮に売上金を千八百億円とすると、売上金の十五%の約二百七十億円が運営経費、十一・七%の約二百十億円が国庫納付金になるの。そもそもスポーツ振興を目的に提案されたくじでも、スポーツ振興助成金は、売上金の二十三・四％、約四百二十億円程度なのよ。朝日新聞にはそう書いてあったわよ[2]。運営経費が売上金の十五％って高すぎない？　くじの運営主体は、文部省の特殊法人「日本体育・学校健康センター」っていうところだけど、売上金を不正利用しないのかしら？　お役人だって、いい天下り先ができるわけだし、サッカーくじで得する人がいるんじゃないの。

父　お母さん！　スポーツ人にはネ、スポーツマンシップってものがあるんだよ。国民の貴重なお金を不正に使うなんてことは、絶対ないよ。国民第一に考えた結果、お母さんのいった配分になったんじゃないの？　収益の一部を国民のために国庫納付金にするなんて、泣かせる話じゃないか。スポーツ振興にだって、文部省の予算百八十億円の二倍以上のお金があてられるんだし。他の政治家や役人と違って、スポーツに関わる人だもの、絶対にクリーンだよ。お母さん、大切なことは信頼するってこと。

母　お父さん、お父さんも能天気ねえ。スポーツ人のどこがクリーンなの？　おととし、日本オリンピック委員会加盟のスポーツ競技団体が、スポーツ振興基金助成金などを不正受給していた疑惑が報じられたじゃない[3]。もう忘れたの。しかもスポーツ振興基金助成金の管理団体は、サッカーくじの運営主体となる日本体育・学校健康センターよ。スポーツ競技団体の不正受給を見抜けなかった団体が、売上金千八百億円を管理するのよ。本当に信頼していいのかしら。心配だわ？　国庫納付金のことだって納得いかないわ。消費税アップや増税には国民が敏感になっているから、サッカーくじという名目で、また私たちからお金を取ろうとしているのよ。いいわね、政治家って。資金が足りなくなったら、国民に頼ればいいんだから。打ち出の小槌じゃあるまいし、もうこれ以上出せるお金なんてないわ。

周知のように「サッカーくじ（toto　トト）」は、Jリーグの十三試合の結果を予想し、的中率に応じて払い戻しを受ける制度です（図4参照）[4]。当選金の最高額は、一億円までといわれています。一九九八年五月に成立したスポーツ振興投票法（「スポーツ振興投票の実施などに関する法律」）の成立によって、その実施が決まりました。二〇〇〇年の秋に静岡県でテスト販売され、二〇〇一年の春、発売開始の予定です。話題に乗り遅れないように、佐津花家の会話を整理しながら、サッカーくじについて考えてみましょう。

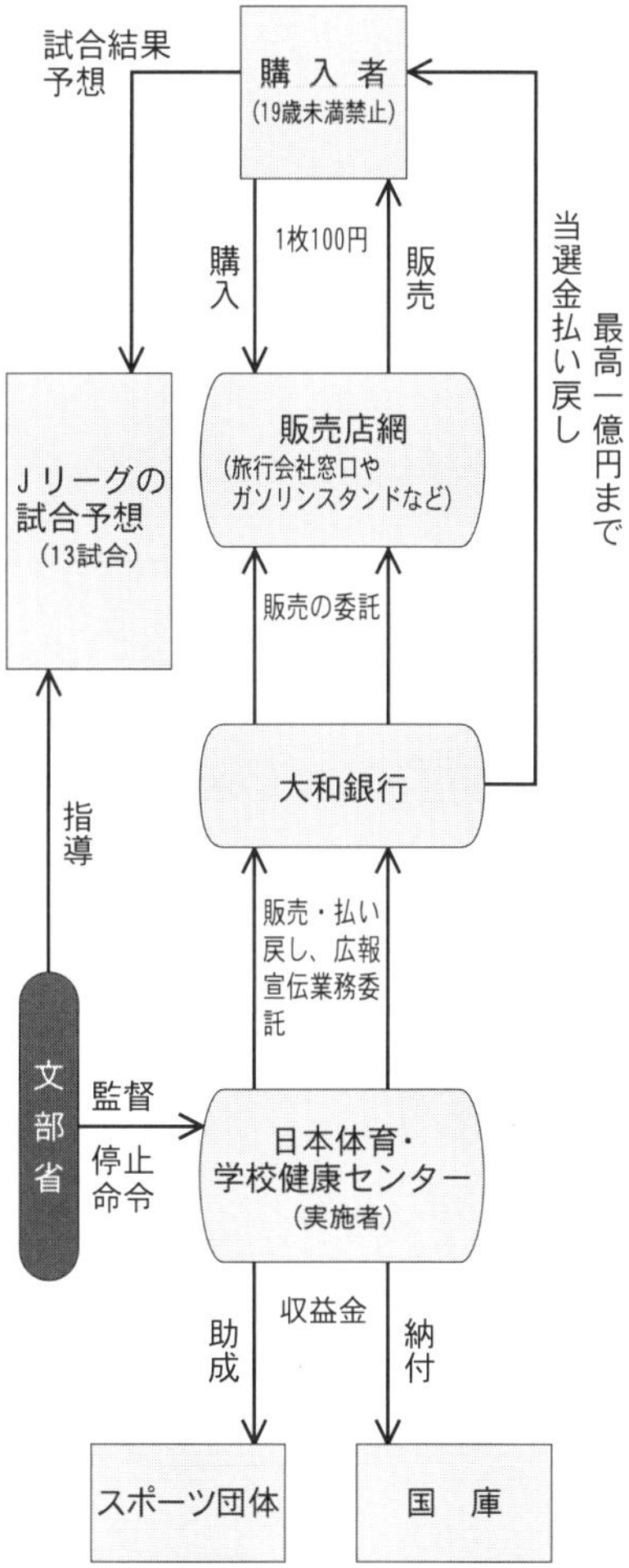

図4　サッカーくじのしくみ
（参照：池田勝編『スポーツの社会学』、杏林書院、1999；1998年3月17日付、朝日新聞；2000年7月4日付、朝日新聞）

ここ佐津花家でのサッカーくじ論争の軍配は、どうやらお母さんにあがりそうです。お母さんは、サッカーくじに反対ですが、感情的にただ反対しているのではありません。先の会話をみると、お母さんのくじ反対理由が三つみつかります。ひとつは、サッカーくじは、ギャンブルだから悪いということ。二つめは、ギャンブルであるサッカーくじが子どもに悪影響を及ぼすということ。三つめは、何かと不正がはびこる昨今、サッカーくじの収益金が不正利用されるかもしれない、ということです。実は、このお母さんと同じような反対意見が多く出たため、サッカーくじは、要望書提出から法案成立までに五年かかりました。

さてここでは、佐津花家のお母さんに反論するかたちで、サッカーくじの正当性を探ってみましょう。果たしてあなたは、お母さんを説得できるでしょうか？

■ギャンブルってそんなに悪いの？

お母さんは、ギャンブル＝悪と思っています。実は、ギャンブル好きのお父さんもギャンブル＝悪と思っているフシがあります。ギャンブルを善いものと思っていたら、サッカーくじをわざわざ知的スポーツなどと言い換える必要はありませんからね。同様に、私たちもギャンブル＝悪という固定観念を持っているのではないでしょうか。

そもそも、私たちは何をギャンブルと思っているのでしょう。試しに、次のなかからあなたがギャンブルと思うものをあげてみてください。新しい事業を興すこと、生命保険、株への投資、宝くじ、パチンコ、競馬、競輪、競艇、賭け麻雀。おそらく多くの人は、株への投資までの三つをギャンブルとは思わず、それ以後のものをギャンブルと考えるでしょう。

しかし、ここにあげたことがらはすべてギャンブルです。冷静に考えてみましょう。儲かるかどうかわからないのに新規事業を興す、事故にあうかどうかわからないのに生命保険に入る、働いたこともない会社の未来を占って株を買う、これらは未来を予測し投資するというギャンブルそのものです。

ここにあげたものすべてがギャンブルだとすると、ギャンブルに対するイメージが少し変わりませんか。新規事業を興すことや株への投資は、資本主義経済の発展には欠かせません。年金資産の自己運用やハイリスク・ハイリターンといわれる資産運用が叫ばれる昨今、私たちは、ギャンブル＝悪と毛嫌いするよりも、先ほどの佐津花家のお父さんのように、ギャンブル＝知的ゲームととらえなおし、ギャンブル性に慣れる必要があるのかもしれません。

けれども日本では、ギャンブルは刑法(第一八五―一八七条、賭博罪)で禁止されています。これでは、健全なギャンブル観は育成されません。このような日本の状況に対し、諸外国ではギャンブルは解禁傾向にあります。イギリスでは、一九六〇年にギャンブルが合法化されました（Betting & Gaming Bill＝ギャンブル解禁法)。

合法化のきっかけとなったのは、王室委員会報告です。この報告では、ギャンブルはコントロールすべきだが、禁止すべきではないと述べられています。その理由は、国家は社会的に問題とならない限り、一般国民の楽しみを阻害してはならず、禁止するとかえって犯罪を生むというものです[5)]。

ギャンブルが解禁になると、私たちは、不正や犯罪、暴力団の関与などを心配します。けれどもイギリスでは、ギャンブル解禁後、勝てない、いわゆるテラ銭の多い賭け屋が自然淘汰され、勝つチャンスの多い、つまりテラ銭の少ない賭け屋が残ったといいます。自由競争の結果、不当に利益を得る賭け屋よりも客に利益を還元する健全な賭け屋が残りました。さらに、テラ銭の減少は、暴力団によるノミ行為[6]防止に役立つといいます。

諸外国での成功をそのまま日本に適用することはできませんが、ギャンブル解禁はギャンブル健全化への近道のように思われます。また、ギャンブル解禁には、不正や犯罪防止効果以上に、国民の自立を促し、自己決定権を保障するという重要な意味があります。

本書をここまで読みすすめてくれれば、もうおわかりですよね。国家は社会的に問題にならない限り一般国民の楽しみを阻害してはならないというイギリス政府の姿勢は、国民の自己決定権を最大限に保障するとともに反パターナリズムを堅持してもいるのです[7]。

■サッカーくじは「悪」それとも「善」？

ここまで述べると、いちがいにギャンブル＝悪と決めつけられないことが明らかですね。それでは話をもとに戻しますが、ギャンブルが悪いものでなければ、ギャンブル＝悪だからというサッカーくじの反対理由は成立しなくなります。では反対に、ギャンブルが悪いものでなければ、サッカーくじは正当であるといえるでしょうか。答えはノーです。それは、いちがいにギャンブル＝悪でないからといって、そのことが必ずしもギャンブル＝善に結びつくとは限らないからです。つまり、「悪くない」という理由だけでは、「善い」ということを保障することにはなりません。

抽象的な話はやめましょう。具体的には、サッカーくじが子どもに与えるであろう悪影響の可能性を完全に拭いさることができないという理由が、「ギャンブル＝サッカーくじ＝善」という図式を成立させないのです。Jリーグ・サッカーは子どもにとっては、何物にも代えがたい興味の対象です。投票券は一枚百円で、子どもたちにとっても十分購入可能な金額です。十九歳未満は購入禁止が法律で定められてはいても、子どもが大きな興味を持っているプロ・サッカーを対象としたくじであれば、確実に子どもたちの間に浸透すると考えられ、法律もやがてはザル法となってしまうでしょう。

経済的に自立せず、判断力の未熟な子どもは保護の対象とはなっても、射幸心を煽られて、くじの隠れた顧客対象となることが絶対にあってはなりません。そして何よりも、十九歳未満にくじを販売しないとすること自体が、サッカーくじのギャンブルとしての有害性を物語っているように思えてなりません。そしてまた、サッカーくじの子どもたちへの浸透は、試合の勝ち負けという結果だけを重要と考える偏狭なスポーツ観を育てることにもなりかねません。したがって、子どもに悪影響を及ぼすという佐津花家のお母さんの反対理由は、正当だと考えられるのではないでしょうか。

ところで、自己決定権は私たちが住む社会では、判断力のある大人にのみ認められるものです。ギャンブルであるサッカーくじへの参加は、経済的に自立した大人にのみ許されるべきものです。だからもちろん、子どもへの禁止理由がそのまま判断力のある大人の参加を禁じる理由とはなりません。

サッカーくじ世論調査

母親世代に拒否反応

子供への悪影響を心配?

スポーツ議員連盟が法案化を進めているスポーツ振興くじ（サッカーくじ）。朝日新聞の今回の世論調査で、くじに反対する国民の多いことがわかった。子供をもつ母親の世代を中心に、くじをギャンブルととらえて悪影響を心配する声が強かった。世論調査の結果をグラフなどから詳しく分析し、結果をみた関係者のコメントを集めた。

女性の「反対」30歳代後半で増加

サッカーくじに賛成25%、反対55%で、サッカーくじに反対の人が賛成の人を大幅に上回った。男性は賛成33%、反対52%だったのに対し、女性は賛成19%、反対58%。特に女性がくじを否定的に見ていることがわかった。

年齢別に見ると、二十代では48%が賛成。サッカーファンの多い若い世代に賛成が多かった。しかし、年齢層が上がるにつれて、賛成が減って反対が増えた。五十代では65%、六十代では60%が反対していた。

女性では二十代に賛成が目立った。しかし、三十代前半で賛成37%、反対50%だったのに対し、三十代後半になると賛成19%、反対63%と大きく変化。四十、五十代の63－66%も反対していた。子供を持つ母親世代が、くじの悪影響を懸念しているのだろう。

各政党の支持層を見ると、新生党の36%、日本新党の38%が賛成と高い数字を示し、新党さきがけも32%が賛成していた。逆に反対を見ると、共産党の75%、公明党の66%が目を引いた。

ギャンブルだ70%　宝くじみたい21%

質問と回答

関係者の声

PRまだ足らない／もっと信用をして／健全さに安心した／ギャンブル性ある

「買う」わずか17%

サッカーくじの世論調査を伝える新聞記事
(1994年7月24日、朝日新聞)

でも、サッカーくじの発売が開始されると、佐津花家のように子どもがギャンブルに巻き込まれるケースが多くなるでしょう。なぜって？　もう一度強調しておきますが、子どもたちのサッカー人気は、「競馬」「競輪」「競艇」「オートレース」などの他の公営ギャンブルとはまったく比較にならないほどすごいのですから。そしてサッカーくじが、少しでも子どもたちの健全な夢を壊すものになったとき、そのときこそ判断力のある大人は、理性的な行為で子どもたちへの悪影響を防止しなければなりません。

■財源不足って本当？

さて最後に、佐津花家のお母さんの心配事、サッカーくじの収益金が不正に利用されるかもしれないという問題について検討しましょう。

サッカーくじは、スポーツ振興の財源確保として考案されました。佐津花家の会話にもありましたが、文部省のスポーツ振興予算は約百八十億円です。これは欧米諸国の十分の一程度の金額です。サッカーくじ推進派は、スポーツ振興の財源不足とあわせて諸外国におけるサッカーくじの収益金利用を強調します。しかし、日本のスポーツ振興予算（体力つくり関係予算）は、平成十一年度（予算案）で、約三千九百六十七億円（自治省を除く十二省庁の予算）と多くの金額が計上されています。使途別にみると、施設に関する施策に約二千六百十六億円、指導者養成に約三億五千万円、組織の育成などに約百九億円、事業の振興に約千二百三十八億円と分かれます[8)]。施設と事業振興予算が全体の九十七%を占め、「箱モノ」づくりと行事優先の予算配分となっています。しかもこの体制は、ここ何十年来変わっていません。

「国体」のところでもみましたが、このような予算配分の結果、私たち住民にとっては余り必要でない施設稼動率の低い大型競技場ができることになります。長引く不況のなか、国や自治体が財政難に陥り、「箱モノ」づくりを優先する公共事業のあり方は、いま見直しを迫られています。それでもなお、「箱モノ」づくりが優先されるのは、いったいどうしてでしょうか。「箱モノ」優先政策の背後に、地元土建業者にサービスすれば、選挙で有利になるという首長や議員たちの思惑が見え隠れする、なんていえば叱られるでしょうか。

また一部では、公営スタジアム建設や整備工事をめぐる談合行為も常態化していたようです。「スポーツ人はクリーン」といっても、ある競技団体の検定員らは、公営スタジアムの公認検定をめぐり、建設業者から利益提供を受けていたことが発覚しました[9]。

ところで、施設の建設にあたって、最低制限価格をなくし談合行為をやめれば工事費は十五%安くなるといいます[10]。スポーツ振興助成金にあてるくじの収益金約四百二十億円は、無駄な「箱モノ」づくりをやめ、談合行為や利益供与の禁止などで節約すれば、現状の予算でも十分補填可能な額のように思われます。このような状況では、くじの収益金の不正利用を懸念する佐津花家のお母さんを納得させるような論拠はみつかりません。

サッカーくじ導入が私たちの税金の無駄遣いを増長させ、公益よりも私益を優先する特定の人たちの利権を増すのであれば反対すべきです。サッカーくじ導入の前に、私たちは現行のスポーツ振興予算の使途を明確にするとともに、各省庁が独自に予算計上している現状のあり方を見直すべきでした。それが納税者として、あるいはまたスポーツパーソンとしての義務だったように思われてなりません。

ここでは、佐津花家のお母さんに反論する形で、サッカーくじの正当性について検討しました。残念ながら、お母さんへの有効な反論はみつかりませんでした。サッカーくじの収益金が私たちのスポーツ環境をどれほどよくするのかしっかりと見届け、もし収益金の一部が不正利用されたり、私たちに還元されないシステムであれば、そのときこそサッカーくじのあり方について、世論を盛りあげるべきだと思います。スポーツという社会の共有財を大切に育てるために、あなた自身が具体的に動きだすこと、そんな小さな行動が、やがては大きな実を結ぶと思うのですが。

（友添秀則・梅垣明美）

【注】

1）くじの売上金の配分は、払戻金（売上金の五十％以下）、運営経費（売上金の十五％以下）、収益金（売上金から払戻金と運営経費を除いた額）に大別される。また、収益金のうち、三分の二がスポーツ振興助成金（スポーツ団体が二分の一、地方自治体等が二分の一）、残りの三分の一が国庫納付金になる。

2）朝日新聞　一九九八年五月九日付。

3）日本オリンピック委員会（ＪＯＣ）傘下のスポーツ競技団体（四団体）が、選手強化事業などをめぐって、一九九五年度から一九九七年度までの過去三年間で補助金（「民間スポーツ振興費等補助金」、文部省がＪＯＣを通じて支出）や助成金（「スポーツ振興基金助成金」、日本体育・学校健康センターが管理）を不正受給し、その金額の総額が千五百六十万円にのぼることが会計検査院の検査で明らかとなったことが報じられた（朝日新聞　一九九九年十月十八日付参照)。

4)サッカーくじは、各節ごとにJリーグの計十三試合について、「勝ち」「負け」「引き分け」を予想し、マークシート用紙や専用端末機で投票する。全試合的中の一等、一試合はずれの二等、三試合はずれの三等があり、当たりに応じて当選金が支払われる。

マークシートは、各試合一通りの予想を記入する「シングル」と、幾つかの試合を三通りまで一括投票できる「マルチ」の二種類がある。また、一部の予想をコンピュータに選択させる「ランダムチャンス」という方法もある。(朝日新聞、二〇〇〇年七月四日付参照)

5)谷岡一郎編、『ギャンブルの社会学』、世界思想社、一九九七年。

6)日本では法律で、ギャンブルの主催者(胴元)となれるのは、国または地方公共団体だけである。ノミ行為とは、国や地方公共団体の代わりに胴元になることであるが、ノミ行為は覚醒剤などの薬物取引につづいて、暴力団の資金源の第二位を占めている。また、パチンコ店による換金も、明らかに違法行為(風営法二三条で禁止)ということになる。

7)ところで、自由主義の論理に従えば、国家が独占する公営ギャンブルそのものが否定されるべきとなる。自由競争に支えられた自由主義社会では、そのときどきの経済政策によって、ある特定のギャンブルだけを国家が「公認」し、その営業を独占できる根拠や権限は本来、存在しないはずである。つまり、ギャンブルという「経済活動」も自由競争に委ねられるべきと考えられるわけである。したがって、この立場に立てば、国家が勝手に「公認」し、運営母体となる日本の「サッカーくじ」も、否定されるべきということになる。そしてこのような考え方が、一方ではギャンブルを完全に解禁し、市場の論理に委ねるべしとする最近のアメリカ等のカジノ完全解禁の理論的根拠にもなっている。

8)参照:総務庁、平成十一年度体力つくり関係予算案、省庁別総括表および事項別総括表。

9)朝日新聞　一九九九年四月二十五日付。

10)朝日新聞　一九九九年六月二十七日付。

エピローグ―空想座談会―

☆出席者：嘉納治五郎氏、P. D. クーベルタン氏、岡部平太氏、人見絹枝女史。

☆司　会：友添秀則

◎20XX年　於：ホテル・ローザンヌ・パレス国際会議室

人見絹枝

岡部平太

P. D. クーベルタン

嘉納治五郎

出席者のプロフィール

○嘉納治五郎（一八六〇～一九三八年）

兵庫県（摂州御影村）の酒造・廻船問屋を生業とする豪商の家に生まれる。幼少から四書五経を学ぶ。一八七〇（明治三）年、前年母を亡くし、父に連れられて東京に移る。このころから、私塾で本格的に十八詩略、国史略などを学ぶ一方で、外国人教師から英語、ドイツ語を学ぶ。一八七四（明治七）年、東京外国語学校に入学。翌年外国語学校を卒業し、開成学校に入学。一八七七（明治十）年、開成学校が東京大学となるが、このころ「肉体的優越の必要」と「腕力の必要を感じ」、柔術の師範を探しまわり、ようやく天神真楊流や起倒流を学び始める。大学ではフェノロサ、中村正直らから功利主義的経済学や哲学を学ぶ。また「ベースボール」の「ピッチャ」を楽しむ。一八八一（明治十四）年、東京大学卒業。このころ、ミル、ベンサムの功利主義やルソーの自由主義がブームとなり、大きな影響を受ける。一八八二（明治十五）年、柔術の「取ルベキモノハ取リ、捨テベキモノハ捨テ、……今日ノ社会ニ最モ適当スル様ニ組ミ立テ」柔道を創始し、講道館を創立する。一八八九（明治二十二）年、「教育を主として諸般の視察のため」欧州留学、「教

■座談会の始まり、始まり〜

司会　今日は、ご多忙のところ、遠路はるばるお集まりいただき、ありがとうございます。みなさん方はそれぞれ旧知の間柄かと思いますが、旧交は本日の座談会が終わってから温めていただくことにして、しばらくおつき合い願えればと思います。

今日お集まりの四人の先生方は、私の独断で選ばせていただきました。しかし、そこには大きくは二つの理由があってのことです。ひとつは、みなさんはそれぞれ生涯をかけて懸命にスポーツを愛し、嘉納さんは柔道ということになりますが、そうしたスポーツや柔道を本当に愛しながら、命を賭けてスポーツの理想を求められた、本当にすばらしい生涯を送られた方々だからです。もうひとつは、偏狭なナショナリズムにとらわれることなく、今風に申しますと、コスモポリタンな生き方をされたリベラルな方々だからです。この「リベラルな」という意味は、当然、因習や権威にとらわれない「自由人」ということを含んでのことです

育の力の偉大なること」を確認して翌年帰国。一八九一(明治二十四)年、熊本第五高等学校校長となり熊本に赴任。小泉八雲を五高に招く。一八九三(明治二十六)年、第一高等学校校長を辞し、東京高等師範学校校長になる。この後、森有礼文部大臣の「順良・信愛・威重」を強調した師範教育を「形ばかり作って魂を入れなければ何の役にもたたない」と痛烈に批判。一九〇九(明治四十二)年、国際オリンピック委員になる。一九一一(明治四十四)年、クーベルタンの強い勧めで大日本体育協会を創設。一九一二(明治四十五)年、第五回ストックホルム・オリンピックに初参加。欧米を視察する。一九二〇(大正九)年、東京高師校長を辞職。一九二二(大正十一)年、貴族院議員となる。このころ、柔道の理念を「精力善用・自他共栄」で表す。これ以後、柔道の普及で世界を雄飛する。一九三八(昭和十三)年、オリンピック東京・札幌招致のためカイロ会議出席。招致成功の報告をカイロから日本に向けラジオ放送。カイロからの帰路、アテネに立ち寄りクーベルタンの慰霊祭に出席。その後、アメリカ、カナダからの帰路、氷川丸船上で五月四日死去。

主著『青年修養訓』(一九一〇年)、『柔道読本・上巻』(一九三一年)。

が、それ以上にみなさん方は、何よりもどこか時代をも超越した方たちであったと、私は勝手に思っております。私は、このようなみなさん方に、本書を振り返ってもらいながら、後世の私たちが創り上げている今のスポーツの在りようを批判的な視点から存分に語っていただきたいと考え、本日「あの世」から、ここにお集まりいただいたというしだいです。

嘉納　君、座談会の趣旨はわかったよ。かいつまんでいえば、君たちの、そう現代のスポーツを、今日のこの座談会で倫理しろということだね。

司会　ええ、そういうことになると思います。

岡部　遠い過去の人間になってしまった私たちの考えなど聞かなくとも、あなたたちの時代のスポーツの在り方は、あなたたち自身で批判し、総括されたらいいのではないですか。

司会　それはもっともだと思いますが、岡部さんもご承知のように、情けない話ですが、この間も北海道のラグビー協会の前会長が、道からの補助金を不正受給し、発覚後、自殺するという事件がありました[1]。剣

○ピエール・ド・クーベルタン（一八六三〜一九三七年）

パリの名門貴族の家に生まれる。一八八〇年、十七歳でイエズス会系のコレージュ（聖イグナチウス校）卒業。引きつづき両親の勧めでサン・シール士官学校に入学するが、数か月で退学。このころから、テーヌの『イギリス・ノート』やヒューズの『トム・ブラウンの学校生活』をかたときも離さず愛読。イギリスやパブリックスクールへの崇拝にも似た憧れを抱くようになる。一八八三年、イギリスに旅立ち、ラグビー校などのパブリックスクールを訪問。ラグビー校の元校長、トマス・アーノルドの墓前で啓示を得る。これ以降、アーノルドを生涯の英雄・予言者・父に代わるべき人物と崇拝する。そしてパブリックスクールで行われるスポーツによる人間形成こそが、独仏戦争に敗れた自国民の再生に必要と考えるようになる。

イギリスからの帰国後、パリ大学法学部に入学するが、こちらもほどなく退学。その後、フランス国内の学校体育改革に乗り出す。一八八八年、処女作『イギリスの教育』を出版。一八八九年、四ヵ月にわたり、アメリカの名門教育機関およびスポーツ施設を見学、スポーツ・クラブの存在を初めて知る。イギリスからアメリカ志向へ気持ちが傾くようになる。この年、パリ

道の名門大学での体罰による上級生による殺人事件も起こっています[2)]。また、国体開催中にクレー射撃協会の複数の役員によるボランティアの女子中学生へのセクハラ事件も浮上しています[3)]。少し前でいいますと、一九九八年には、公営スタジアム建設や整備工事をめぐる談合事件がありました。さらに、公営スタジアムの公認検定をめぐり、競技連盟の検定員らが利益供与を受けていました[4)]。それと日本の初代IOC委員だった嘉納さんの前で申し上げにくいのですが、日本オリンピック委員会加盟のスポーツ競技団体がスポーツ振興の助成金などを不正受給していたことも発覚しています[5)]。また、懸命の反《アンチ》ドーピング・キャンペーンにもかかわらず、一流競技者のドーピング違反が後を絶ちません。このように現代のスポーツを取り巻く倫理的問題は枚挙にいとまがありません。こうした状況を生み出している現在の私たちは、ある意味では非常に無力で無能な存在なのかもしれません。そういう意味からも、ぜひみなさん方に現代スポーツを忌憚なく倫理していただきたいと思います。

万国博覧会開催、国際的規模のスペクタクルの象徴としての力を実感する。この時以降、世界平和と社会改革のために、近代オリンピック復興を思い立つようになる。一八九二年、ソルボンヌ大学でオリンピック復興への呼びかけを行うが失敗。一八九四年、オリンピック委員会結成。一八九五年、外交官の娘マリーと結婚。一八九六年、第一回オリンピックをアテネで開幕し、予想以上の大成功を収める。以後四年ごとに開催。一八九八年、長男ジャックが日射病にかかり、生涯知的障害の後遺症が残る。その後、娘ルネが情緒障害になる。一九一六年、第一次世界大戦のため第六回大会中止。一九二二年、パリの家を引き払いローザンヌに一家で移住。一九二四年、IOC会長を辞す。このころより生活窮乏、夫婦で争いが絶えなくなる。かつての莫大な資産は、オリンピック事業への投入、戦争、金融恐慌のため底をつく。家庭生活も荒廃。一九三五年、翌年開催された第十一回ベルリン・オリンピックの開会式のスピーチ「近代オリンピズムの哲学的原理」を録音する。そこで生涯希求したオリンピックの哲学を語る。

一九三七年九月二日、ひとり散歩中、ジュネーヴの公園で死去。

■本書を振り返る

司会　そこで手初めに、本書の全体を振り返りつつ現代のスポーツの在り方を論じていただきたいと思います。まずはレディーファーストで、人見さんからお願いします。

人見　私たちの時代にはレディーファーストなんてありませんでしたから、何か気持ち悪いですね(笑)。え～と、私は特に特別の思いを込めて、「体育・スポーツにおける男女平等」(九〇～九六頁)を楽しく読みました。私が生きた大正から昭和の初めごろは、男尊女卑の時代でしたから、女がランニング・パンツをはいて人前で太ももを出して走るなんてもってのほかと考えられていました。私は「そんなに走ってどうするんだ。女のくせに、人力車でも引こうっていうのか」なんてよくいわれたものです。

だから、できる限り男女が人間として同じ扱いになるよう配慮すべきという、「等しい尊敬と配慮」の原則の重要性を痛感しましたし、この原則がスポーツ

○岡部平太(一八八九～一九六六年)

福岡県に生まれる。福岡師範学校でボート、テニス、野球、柔道、相撲の選手として大活躍をする。卒業後、一年間地元で小学校教師として働くが、柔道専門家を志して上京し、東京高等師範学校体操専修科に入学する。そこで校長・嘉納治五郎の指導を得て、「庭の樹木に座布団をしばりつけて」、本格的な柔道修業を行い抜群の戦績を残す。しかし「神経衰弱」にかかり、埼玉県平林寺での「参禅」に活路を求めるが、同時に「柔道に対する懐疑」を抱く。

高師卒業後は研究科に一年残るも、「柔道の真価を世界に問う」ために渡米し、当初サンフランシスコに滞在。そこで公開試合を想定してプロレス、プロボクシングの練習に励む。その後、シカゴ大学で後年生涯の師と仰ぐスタッグ教授と出会い、アメリカンフットボールの練習に精を出す。また、ペンシルバニア大学でマッケンジー教授の下で体育学を学びつつ陸上競技のコーチングに汗を流す。

一九二〇(大正九)年帰国。その直後、米人プロレスラーの公開試合申し込みを巡って賛成する嘉納に対してアマチュアリズムの立場から反対し、嘉納と対立する。その後、嘉納と決裂する形で帰国の翌年、満州

パーソンから一般社会の人たちに積極的に発信され、彼、彼女らに定着する日を心から望んでいます。

岡部　私は人見さんが子どものころ、アメリカに渡ったのですが、当時、向こうには自由の国といっても、黒人差別やアジアの人たちへの差別がまだまだ根強くありました。私も滞米中、「ジャップ」と差別的に呼ばれたことが何度かあり、若くて血の気が多かったものですから、乱闘寸前までなったことがありました。だから、個人的には「スポーツにおける黒人問題を倫理する」（九七〜一〇三頁）や「在日韓国・朝鮮人とスポーツ」（一一四〜一二六頁）に興味を持ちました。

ところで、「男女平等」の話に引き戻していいますと、当時アメリカでの体験を通して考えたことがあります。アメリカに渡った当初、英語にずいぶん苦しめられたことがありましたが、苦しみもがいているうちに、英単語の暗記にもコツがあることがわかりました。たとえば、ヒストリー（history＝歴史）ですが、これは「his」と「story」が合体してできた言葉、つまり「歴史」は女性の登場を許さない「男の物語」と

（現在の中国東北部）へ渡り、満鉄入社。後年、嘉納の訃報を聞き急遽帰国するが、嘉納とはこの決裂が永遠の別れとなる。一九二五（大正十四）年、第七回極東オリンピック大会（マニラ）の陸上競技総監督となるが、判定を巡って審判団に抗議し、日本選手団を退場させる。一九二七（昭和二）年、日仏陸上競技大会開催のためフランスへ。一九三一（昭和六）年、スピードスケートの監督として北欧出張。一九三六（昭和十一）年から一九四五（昭和二十）年六月に郷里福岡に引き揚げ帰国するまでの間、北京師範大学などで体育学の教授として教鞭をとる。一九四五（昭和二十）年四月、愛息を神風特攻隊員として沖縄で亡くす。終戦まもない一九四八（昭和二十三）年の第三回福岡国体を成功に導く。一九五〇（昭和二十五）年からマラソンコーチ開始。翌年ボストンマラソンの監督として渡米し、日本選手の優勝を導く。一九五二（昭和二十七）年から一九五六（昭和三十一）年まで、請われて福岡学芸（現、福岡教育）大学教授を務める。こよなくスポーツを愛しつづけ、波瀾万丈の生涯を送る。

主著『スポーツ行脚』（一九三一年）、『スポーツと禅の話』（一九五七年）、『コーチ五〇年』（一九六〇年）。

覚えていくようになりました。このような意味では、まさに近代スポーツの歴史も女性を排除した「男の物語」であったことに気づきました。

本書のなかで述べられていたように、近代スポーツは男が勝つようにできあがった文化であり、未来の新しいスポーツは男女差ではなく、個人差によるものでなくてはならず、スポーツパーソンのためのスポーツ文化を創造すべきという提案が心に残っています。

クーベルタン　私は、やっぱり「オリンピックからの卒業―オリンピックを倫理する―」（一九五一〜二〇〇九頁）が印象に残っています。それは、私のオリンピズムが友添さんに痛烈に批判されていたからです。

私は、スポーツというものは、その運営組織の在り方しだいで、有益にもなるし有害にもなると思っています。つまり、個人のレベルでは、スポーツはその関わり方によって、気高い情熱を生み出すばかりではなく、最も卑しい熱情をも目ざめさせてしまうものだと思いますし、換言すれば、スポーツは無私の精神や名誉の理念を育みもすれば、欲望を刺激する場合もある

○人見絹枝（一九〇七〜一九三一年）
岡山県に生まれる。一九二〇（大正九）年、岡山高等女学校に入学し、「テニスコートで選手たちを相手にしていられる数学のS先生」に憧れてテニスを始める。四年生の秋、「陸上競技に出て、母校のために気を吐いてほしいと」誘われて、県下中学校陸上競技大会に出場。そこで四メートル六十七の女子走り幅跳び日本最高記録をだす。一九二四（大正十三）年、当初「体操学校なんか頭の悪い人達の集まる所」と敬遠していたが、女学校校長の熱心な勧めもあり、「身分不相応な東京遊学までさせてくれる両親」に感謝しつつ、二階堂女塾入学（現、日本女子体育大学）。卒業後、一時京都で女学校の体操教師をしたが、一九二六（大正十五）年、大阪毎日新聞社の運動部記者として入社。同年八月、大阪駅から関釜連絡船、シベリア鉄道を乗り継ぎながら、モスクワに到着。そこで再度列車を乗り継いで、スウェーデンでの第二回国際女子陸上競技大会に単身参加。走り幅跳びに五メートル五十の世界新記録で優勝。その他、立ち幅跳び、円盤投げなどに大活躍。個人総合優勝と団体五位を獲得。一九二八（昭和三）年、女子選手の参加が初めて認められた第九回アムステルダム・オリンピックに参加。ちな

と考えます。

司会　いや〜、クーベルタンさんが、スポーツを「善にも悪にもなり得るものである」と、冷静に考えておられたなんて意外ですね。

クーベルタン　でもね、私は、仮にオリンピックから小さな悪が生じてでも、善のほうがその悪を必ず上回ると考えていましたし、現に私が生きていた時代のオリンピックはそうだったと確信しています。

司会　それは違うのではないでしょうか。あなたがお元気だったころから、オリンピックはさまざまな問題を抱えていたし、その問題性が一挙に表に出たのが、あなたの晩年のあのヒトラーが行ったベルリン・オリンピックだったと思います。

あなたが、近代スポーツを人格陶冶に役立つものと考え、世界平和に貢献させ得るものとお考えになったのはたしかに卓見でしたが、あなたたちの時代の人たち、それは岡部さんも、嘉納さんもそうだったと思うのですが、あなたたちが信奉し、あなたたちの時代が信仰してきた素朴な楽観主義や進歩主義が、第一に、

みに、この時の日本選手団長はＩＯＣ委員の嘉納。オリンピック種目には得意の走り幅跳びがなく、百メートルに賭けたが失敗。未経験の八百メートルに挑み、ドイツのラトケ夫人と死闘を演じ二位でゴールするも、「目が見えなく」なり、「それから先は、覚えておらず」記憶をなくす。二人の競い合いが余りにも壮絶だったので、それ以後、女子八百メートルは、一九六〇年、ローマ・オリンピックで復活するまで、苛酷な種目として中止。一九三〇（昭和五）年、プラハで行われた第三回国際女子陸上競技大会に五名の日本女子選手団とともに参加。参加費用は人見の発案になる全国の女学校からの寄付金による。個人総合二位、団体四位を獲得。この結果に日本の新聞や世論は否定的評価。「あれだけやっても、世間の人たちはまだ満足してくれなかった」と不満が募る。大会後、大会中から咳が出て「もう体がすっかりまいってしまっている」にもかかわらず、欧州各地を転戦し帰国する。帰国後全国各地を講演するが、体調不良のため、大阪大学附属病院に入院する。一九三一（昭和六）年、二十五歳の短い生涯を駆け抜け、乾酪性結核のため息を引き取る。身長百七十センチ、体重約五十六キログラムの心優しき女性。主著『スパイクの跡』（一九二九年）、『ゴールに入る』（一九三一年）。

スポーツを人間的な文化たらしめるための制御装置を作らせず、したがって第二に、そのことが根底のところで、スポーツの方向性を歪めてしまう原因になったのではないかと思うのですが。

人見　友添さんはこの本のなかで、次のように書いておられましたよね。スポーツが、冷戦構造の終結で、国家体制の威信をかけた「威」のパワー（権力）ゲームから、あきることのないお金の追求へと駆り立てる「富」のマネーゲームへと変わってきたと。つまり、人間はその時々の欲望に突き動かされ、スポーツを利用してきたのじゃないか、そして結局現実には皮肉にもそれとは逆に、人間がそのみえない欲望に振り回され、スポーツに利用されつくしているんじゃないかと。そして、そのことが一番オリンピックに現れていると。私は自身の体験からいっても、このことが心情的によくわかりました。

私は、生涯に世界新を三つ、日本新を八つ、日本最高記録を七つ出しました。でも、生前、スポーツを楽しいと思ったことなんて一度もなかったんです。私は、今まで血と涙をもって練習してきたことを誇りに思ってきましたし、試合には死を賭けてでも働いてみようと覚悟して挑みました。まさに「人生は戦場なり、死しても勝つの覚悟あれ」の心境でした。そして、いつもお国のために、この日本国の名誉と日の丸を揚げるためだけにがんばりましたが、いま、この本を読んでみて、そんな誇りや自分のスポーツ観は間違っていたんじゃないかと思い始めています。

嘉納　だから、私はスポーツはダメだと常々いってたんです（笑）。やっぱり、人間をダメにするスポーツではなく、人間形成を目的とする柔道が一番いい。

司会　嘉納さん、お待ちください。その柔道も、嘉納さんが生前あんなに嫌っておられた競技化の道を嘉納さんの死後ひた走り、現在ではJUDOとして、近代スポーツのメルクマールを十分に備えた典型的なスポーツになっています。

嘉納　クーベルタンさんが、祖国愛や寛容、騎士道精神をオリンピズムの根幹と考え、それを普及させる運動としてオリンピックを考えられたと同じように、

「精力善用」と「自他共栄」という人生の根本哲学を普及させる方法として、私は柔道を創始しました。しかし、この根本哲学はなかなか普及せず、柔道の技術だけが独り歩きし、世界に伝播した。もっとも、この技術も、私の死後、体重制やポイント制の採用にみられるように、欧米の合理主義の徹底した洗礼を受け、私の柔道とはずいぶん変質したものになってしまったが。

岡部　私はアメリカに長年滞在して、先生が創られた柔道は、日本の土着の柔術をミルやベンサムに代表される「功利主義」や「西欧合理主義」で改編・創造したきわめて近代的なものだと考えるようになりました。だからこそ、欧米人にあれほど受容され、JUDOとして人気を博したのだと思います。でも、今のJUDOからは、学ぶべきものが何もなくなってしまった。

嘉納　だからこそJUDOも、もう一度「精力善用」と「自他共栄」の精神に帰らねばならないと思う。

岡部　私は先生の柔道がこのように変質してしまうことを以前から予感していました。それは先生の「精力善用」と「自他共栄」の理念が、あまりにも抽象的で、しかもこの理念からは、柔道で到達すべき具体的な人間像が描かれ得ないという問題があると感じていたからです。

　このような疑問を先生におたずねし、先生の逆鱗に触れましたが、私はそのことを今でも後悔しておりません。ただ、歴史に後もどりが許されないのと同様に、今のJUDOが「精力善用」と「自他共栄」の理念にもどることで、人格の完成を最終目的とする「道」としての柔道へふたたびもどることができるとは考えておりません。だからこそ、JUDOも本書のなかで提言されたスポーツパーソンシップに支えられ、新たな変革が必要なのだと思います。

司会　そのようにおっしゃっていただくと、うれしいですね。ありがとうございます。ところで、この座談会に先立って、人見さんの著書をいくつか読ませていただきましたが、失礼を承知でいいますと、人見さんの「競技」や「時代」に振り回された生き方は本当に「暗い」と思いました。でも、私は現代の日本人のスポーツ観も、あなたが先ほど反省されたものと、決して大きくは違わないのじゃないかと思っています。

たとえば、サッカーの中田選手の「君が代」斉唱時の態度が悪いといって、多くの嫌がらせがあり、結局、そのことが彼の外国への移籍を決断させた遠因にもなったと聞いていますし、国際舞台での「日の丸」の乱舞や「がんばれニッポン」の大声援にうんざりした経験が私にそう思わせるのかもしれません。

人見　そうよね。スポーツを安っぽいナショナリズムに利用するなんて、もうとっても古いスポーツの愛し方なのかもしれないわね。いや、スポーツを愛するということは、お国のためやお金のため、名誉、地位、そんなスポーツの外在的価値のためにスポーツをするのではなくて、スポーツをしたり、みたりすること、そのこと自体の楽しさ、それを何にもまして大切にするということなのだわ、きっと。

岡部　スポーツの内在的価値を大切にするということですね。

■スポーツを倫理するということ

嘉納　ところで、私は、本書を読んで強く思ったことが二つある。ひとつは、本書のタイトルとの関係を重視するのであれば、なぜ、スポーツをしたり、スポーツに関わったりするうえでの「教訓」や確固たる「道徳」をもっと積極的に示してくれなかったのかということ。それともうひとつは、もっと他にも取り上げるべき重要なテーマがあったと思うのだが。

司会　現代スポーツは多くのアポリア（難問）に満ちています。スポーツの世界には、普通の一般的な倫理観では、間に合わないような事件や問題が頻発しています。このようなアポリアを前に、私はそれらに誠実に「応答」することこそ、「スポーツを倫理すること」だと思ってきました。だから、本書はスポーツの世界のアポリアに対しての、私たちの悪戦苦闘の共同作業による現場レポートだと思っています。

私自身の一例をあげれば、「エホバの証人の武道拒否問題」（一〇三〜一一三頁）では、信者の方たちと長時間膝を交えて徹底して議論を交わしました。また、公平を期すために、裁判記録も丹念に読み込みました。「在日韓国・朝鮮人とスポーツ」（一一四～一二六頁）では、高体連の役員の方たち、あるいは在日コリアンの方たちから直接何度もお話をうかがいました。「国体を倫理する」（一八六～一九五頁）では、国体経費を明らかにするために、公文書の公開請求を行いました。そして機会あるごとに、トップアスリートやコミュニティ・スポーツのリーダー、スポーツジムの経営者の方々とも、現代スポーツのアポリアについて、時には共感したり、反論、反発したりしながら徹底して議論を交わしました。そしてこのように、スポーツフィールド（現場）のなかに入り込むことによって、初めてみえてくる大切なものがあることを知りました。

それは、「感情論」でもなく、また「損得勘定論」でもない、ましてや「独断」や「偏見」に支えられた「お説教」や「教訓」でもない、どのような場合にも公平で一貫性がある「ものの見方」だったといえるものかもしれません。

嘉納　自分の狭小な信念を、スポーツのフィールドのなかで、他者との議論を通して徹底的に批判にさらし、信念そのものをとことん検討しなおすということだな。

司会　そうです。激しい試練のなかでの批判を通り抜けてこそ、その「ものの見方」の信憑性を高めることができると思うのです。だから、倫理的アポリアに対しては、絶対的な「正答」が決してあるわけではなく、自分の「ものの見方」を、現実のスポーツフィールドのなかで、より洗練させていく以外にはないと思います。現実のスポーツフィールドとの私なりの苦闘や応答のなかからの結論として、本書のなかであえて、スポーツマンシップでさえも、現代社会に対応できない対面（face to face）倫理であり、男性文化を支えてきた独善的なエリート・イデオロギーだと述べたわけです。

クーベルタン　それでは、近代スポーツのもう一方の倫理であったアマチュアリズムはいったいどういうことになるのでしょうか。私はイギリスから多くを学びましたが、元来アマチュアリズムを好きにはなれませんでした。というのも、金持ちだけがスポーツに打ち込むことを許すといった差別的な独善性を感じとったからです。だから私は、特に第一次世界大戦後は、「すべてのスポーツをすべての人に」という立場をとったのです。

司会　アマチュアリズムはもうとっくにオリンピック憲章から消えたことを本書の冒頭で述べました。私も、アマチュアリズムを特定の階級規範だったと思っていますし、その差別的な残滓がスポーツの発展すべき方向を歪めたとも思っています。

嘉納　私はこのアマチュアリズムに美学を感じてきたのだが……。

司会　それは時代制約性からいってもしかたがなかったことだと思います。でも、現代スポーツには、もう準拠すべき絶対的な規範など何もないという現実を直視しておくことが、何よりも必要だと思います。

人見　だからこそ、いろいろな現代スポーツのアポリアを倫理しながら、自分自身を鍛え、より新たなスポーツの文化創造に参画していくことが求められるわけよね。

司会　そうだと思います。本書を終える今、もし控えめにいうことが許されるのであれば、少なくとも社会の共有財であるスポーツを傷つける行為は、たとえそれがどのような行為であっても誤りであると私は強くそう思います。

■アポリアから出発する

嘉納　もっと重要なテーマがある、といったことについては……。

司会　スポーツとナショナリズムの問題、これを国際化という視点から本書で取り上げるべきでした。別言すれば、現代スポーツを通してみえてくる「日本人の生き方や考え方とは何か」を倫理することが必要だったと思います。

嘉納　なるほど。それは興味深い問題だね。でも、同時にむずかしい問題でもある。特に私たちの世代にとっては、国威発揚のためにスポーツを行うことは疑うことすらなかった。また、この問題は、日本人が欧米発祥の異文化としてのスポーツを、どのように受容してきたのか、ということとも関係するということだな。

司会 ええ。それと、スポーツ権の問題にも、もっと踏み込むべきでした。

人見 スポーツをする権利、本当に大切だと思います。私、この座談会でおうかがいすべきかどうかずいぶん迷っていましたが、この機会ですからぜひおたずねしてみたいことがあります。今のスポーツ権と関連する問題です。

クーベルタンさんは女性のオリンピック参加を、どうして望まれなかったのですか。また、嘉納先生も、女性が柔道の試合をすることを生涯嫌われたのはどうしてでしょうか。

クーベルタン 痛い質問ですね。私は古代ギリシアのオリンピックにならって、近代オリンピックを再興しました。だから、当初は古代オリンピックがそうであったと同じように、女性の参加をまったく考えていませんでした。また心のどこかに、身体運動で人間を高貴で騎士的な性格に陶冶することや古代ギリシア彫刻のような理想的な身体形成は男性だけのものだ、という思い込みがあったのも事実です。

人見 それは本当に男性側の勝手な論理です。

クーベルタン たしかにそうです。私は、女性がオリンピックに参加すれば、オリンピック理念の「より速く、より高く、より強く」を妨げると考えていました。また、嘉納さんもそうだったと思いますが、大衆の面前で女性の競技を見せることは、オリンピックを俗世界の堕落した見せ物としてしまい、品位を下げることになると思っていました。私の考え方には、明らかに女性蔑視がありました。心から反省しています。

嘉納 人見さん、私は柔道を日本人の理想的な生き方を示すひとつの哲学として創ったと自負しています。だから、元来、勝負を競う試合は、人格の完成をめざす柔道修業の一環であって、目的ではないと思っています。そういう意味では、特に今の単なる「取っ組み合い」になってしまったJUDOは、私が意図したものとは別のものだと考えています。だから、女性だけではなく、男性にも勝敗だけを争う試合には生涯否定的でした。

人見　先生は、男性の試合にも否定的だったんですか。

嘉納　そうです。そして、私が考えた女性の理想像は「良妻賢母」でしたので、女性が柔道の試合で「はしたない格好」で勝敗を争うことは、特によくないと考えていました。つまり、柔道の勝負が女性としての品位を落とすことになると考えました。だから、いいわけになりますが、決して女性を差別する気はなかったが、今となってみれば、女性のスポーツ権を侵害していたといわれても仕方がなかったと思います。

人見　お二人のお考えは、よくわかりました。おっしゃりにくいことをおたずねして申しわけありませんでした。

嘉納　人見さんがもう少し長く生きておられたら、私はあなたをＩＯＣ委員に推薦しておったと思うのだが。

クーベルタン　嘉納さん、それはいいアイディアだと思います。どうも、私が創った悪しき伝統からか、今でもＩＯＣには、女性委員が極端に少ない。それと、若き日に人見さんのように、心底からスポーツを愛した人も少ないと思う。

司会　人見さん、あなたがＩＯＣの女性理事になられていたら、何をしていたでしょうか。

人見　もちろん、ＩＯＣ委員の半数を女性にしていたと思います(笑)。それと純粋にスポーツを愛している人たちだけで、委員を構成していたと思います。それから「より速く、より高く、より強く」のオリンピック・スローガンを、「より明るく、より楽しく、より仲良く」に変える運動をしていたでしょうね。

岡部　人見さんがＩＯＣ委員だったら、今のようなスキャンダルは起こらなかった(笑)。

クーベルタン　人見さんのお話を聞いていて、私はオリンピックについて考えました。速いだけでもダメ、強いだけではなおさらダメ、ユーモアと笑顔と優しさを持った人たちのスポーツのお祭り、そんなオリンピックに脱皮する時が今なのだと思います。

司会　すみません、話題をスポーツ権に戻したいと思いますが。

岡部　私は、今のスポーツ権との関連でいえば、たとえば、ノーマライゼーション思想に支えられた障害者スポーツの在り方は、スポーツの「権利論」や「平等論」の新たな地平を切り開くだけではなく、満身創痍の現代スポーツを相対化させ、それを人間的な文化に再編させてくれる新たな視点を提示する可能性を含んでいる思います。だから、そのことも扱ってほしかったと思います。

司会　さすが、まったくそのとおりです。次の機会にはぜひ倫理したいテーマです。

嘉納　スポーツ権の問題では、もうひとつ重要な問題がある。それは「スポーツをみる権利」だが、競技団体の思惑とマルチ・チャンネル化がいっそう進むテレビ各社の利害が一致すれば、放映権料の高騰によって、だれもが無料でテレビ中継がみられなくなる。もうすでに、ユニバーサル・アクセス権の侵害が現実に起こりだしている。ユニバーサル・アクセス権がどう保障され、スポーツの主体性がいかに保たれるか、このことも議論されなければならないと思うのだが。

司会　勉強不足でした。この問題は、スポーツを倫理する立場からいっても重要な問題で、今後の大きな課題です。

岡部　それと先ほど少しお話のあった、アマチュアリズムの問題でいいますと、今ではすでに「アマチュアリズムは死んだ」といわれますが、プロフェッショナリズムの新たな問題が浮上するにつれ、逆に「スポーツにおける真のアマチュアリズムとは何か」が、再度「スポーツを倫理する」という視点から、考察されなければならないのではと思います。

人見　そうですね。私は新聞記者として、遠征以外のどんな時にも社の仕事を優先してきたけれど、やっぱりスポーツを社の仕事の一部にするのは、アマチュア選手の恥だと思ってきました。でも、同郷の後輩の有森裕子さんの「プロ宣言」を聞いて、自分の考えを変えなければと思っています。それと、私も苦労したけど、有名スポーツ選手のプライバシーはどこまで守られるべきかも倫理してほしかったと思います。

司会　たしかに本書では全般的に、選手やプレイヤーの側に立った議論は少なかったです。

クーベルタン　と同時に、私が苦労したプロフェッショナル・スポーツの問題、これも今日、かつてとは違う意味で、重要なテーマになっています。たとえばプロ選手の労働権や報酬の問題も触れてほしかったですね。また、もし機会があれば、プロ野球選手のFA権の行使やドラフト問題、こういったなかでの選手の職業選択権にもぜひ倫理的な議論を及ばせてください。

司会　はい。それと、もうお気づきかもしれませんが、本書ではスタジアム（競技場・ゲーム）の「中」と「外」という区分でいえば、スタジアムの「外」、つまりスポーツを取り巻く社会的状況を対象としたものが中心でした。

嘉納　君、私が創った柔道も、先ほど少し話したが、世界のJUDOになった。最近では、カラー柔道着問題が物議をかもしたが、こういった問題も倫理してほしかった。

司会　スポーツの伝播と普及の問題ですね。こういったことも、スポーツ倫理にとっては重要な問題です。スポーツの文化帝国主義（cultural imperialism）の立場に立つか、グラムシの「ヘゲモニー（hegemony）」の概念装置を使うかは別にしても、機会があればぜひ倫理したいテーマです。

嘉納　ぜひ、お願いしたい。

司会　はい、承知しました。私は先ほどもお話ししましたように、現代スポーツを倫理するために、みなさん方とほぼ同時代を生きられた哲学者の戸坂潤（一九〇〇～一九四五年）さんの言葉を借りていえば、ある「立場」からではなく、あくまで「問題」そのものから出発しました。このことを、もう少し具体的に申し上げますと、私は現代スポーツのアポリアを眼前にした時、特定の立場、たとえばスポーツ社会学やスポーツ哲学、スポーツ史などの、そういった既存の専門分化した立場から難問を読み解くことに限界を感じました。このような思いが、本書を執筆するに際して、私をして業界の慣行を破らせ、領域を越境することを決意させたのですが、このような越境や領域侵犯をしながら、アポリアを読み解く企ては、まさに私にとっては冒険であったし、現代スポーツを倫理するなかで、越境者としての醍醐味や楽しさを存分に味わうことができました。

岡部　日本にアメリカに満州。それに柔道、プロレス、ボクシング、ア式フットボール、陸上競技にマラソン。私の経験からいっても、小さな枠のなかで生きていると真実が何も見えず、傲慢で安物の自惚れになってしまうか、それとも息がつまって窒息してしまう。本当に越境は楽しいし、人間を逞しくもし、強くもする。

■スポーツのユニバーサル・スタンダードの創造

司会　さて最後に、これからのスポーツの在り方についてのご提言などがありましたら、お話いただけるでしょうか。

嘉納　私は「あの世」から現代のスポーツを眺めていて、この本のなかでいわれたような「スポーツパーソン」なんて、本当にいるのかと思っている。日本のプロ野球にしても、サッカーのW杯にしても、何でもカネにおきかえ、経済波及効果がいくらなんていってしまう。これではスポーツの世界はダメになる。つまり、現実のスポーツの世界は、決して、自立した「スポーツパーソン」なんかによって構成されているのではなく、貪欲な各種の「スポーツビジネスマン」と能天気な「スポーツ消費者」がうごめいている世界とでもいえるのではないか。そして、スポーツを消費の対象としてしかみずに、スポーツ消費者の拡大こそがスポーツの隆盛とはきちがえる、そういった間違ったスポーツ観や発想がまだ根強くあるのではないか。

岡部　嘉納先生がおっしゃったことは、当たっていると私も思っています。一面では、トップレベルのスポーツからコミュニティ・スポーツまで、「現金《ゲンナマ》至上主義」という一種の「悪しきスポーツ資本主義」が、スポーツの世界に蔓延しています。今、そういう意味では、スポーツの「構造改革」が必要だし、私はこの構造改革の胎動がすでに、一方では、コミュニティレベルの「総合型地域スポーツクラブ」の創設や、あるいは「スポーツNPO」の試みのなかで始まりつつあると思っています。また他方では、トップレベルのスポーツでも、市民が会費を払い、チームやクラブ運営に直接参加していくサッカーの「横浜FC」の試みや同様のアメリカンフットボールの「湖北ファイニーズ」、バレーボールの「オレンジアタッカーズ」の奮闘に、その改革の可能性がみえるように感じていはす。

つまり、明治以降、お上や企業が独占し、支えてきた競技スポーツの世界も、スポーツパーソンが支えるべき新たな時代が、もう目の前に来ているように感じています。

クーベルタン　ヘーゲルさんやマルクスさんの言葉を借りれば、今世紀、スポーツは「世界史的展開」を遂げました。まさに、二十世紀は「スポーツの世紀」でした。でも、私がいうのも何ですけれども、私たちはスポーツと人間がどのようにいい関係で共生できるのかという地球的規模での、文字どおりのスポーツのグローバル・スタンダードを創り上げてこなかったのかもしれません。もっと積極的にいえば、スポーツに含み込まれた自由競争や優勝劣敗主義、限りない新記録こそが善という進歩主義、そういった近代スポーツの諸特質までも相対化してしまえる、それこそ宇宙的規模でのユニバーサル・スタンダード、つまり普遍的なスポーツパーソンシップを、今、創り上げなければならないと思っています。

人見　そうですよね。スポーツの悪しき価値を批判し、スポーツを利用することを憎む「行動するスポーツパーソン」が、今こそ必要なんだと思います。そして、「スポーツと金」の関係を正すシステムの整備が急がれなければなりません。

司会　貴重なご提言をありがとうございます。スポーツという公共的生活空間のなかで、意見や利害を異にするさまざまな人たちが、自主的な交渉や理性的な議論によって、合意を形成し、行動を調整するフォーラム（公開討論の場）として、今後ともスポーツ倫理の必要性がますます高まってくると思います。

もう時間をかなりオーバーしてしまいましたので、これでお開きにしたいと思います。本日はどうもありがとうございました。

（友添秀則）

【注】

1)北海道ラグビー協会では合宿費などの補助金を不正に受給したとされる事件が発覚したが、一九九九年十一月十二日、約四千万円の使途不明金の責任者であった北海道ラグビー協会会長が、札幌市内で自殺するという事件があった。

2)一九九九年九月二十八日、国士舘大学剣道部合宿所内で、四年生部員が一年生部員の腹部を蹴り、死亡させるという痛ましい事件が起こった。この事件を契機に、総勢百四十三名（うち女子部員三十四名）の大学剣道界の名門・国士舘大学剣道部は、一九九九年十月二十一日、休部ではなく、解散した。

3)一九九九年の熊本国体で、クレー射撃協会の役員が、競技運営のボランティアをしていた女子中学生に対して、「性的嫌がらせ」行為をしたことが指摘された。この事件を受けて、二〇〇〇年一月八日、クレー射撃協会の二十人の理事が総辞職した。

同協会では、神奈川国体（一九九八年）のリハーサル大会でも、協会役員が女子高生に同じ行為をしたと指摘され、神奈川国体の参加を辞退したことがあったが、いっこうに体質は変わっていないと思われる。

4)第1章、第3節、「めざめよ！　スポーツパーソン」（二十五頁）を参照されたい。

5)第7章、第3節、「サッカーくじは『打ち出の小槌』か？―スポーツとギャンブル―」の注3)（二二二頁）を参照されたい。

［著者紹介］

友添秀則（ともぞえ　ひでのり）
一九五六年　大阪市出身
筑波大学大学院修了
現在、早稲田大学スポーツ科学学術院教授
専攻　スポーツ倫理学・スポーツ教育学
博士（人間科学）
編著　『世界のスポーツ』（学研）
　　『スポーツのいまを考える（全6巻）』（創文企画）
　　『教養としての体育原理』（大修館書店）
共訳　『スポーツ倫理学入門』（不昧堂出版）

近藤良享（こんどう　よしたか）
一九五三年　岐阜県出身
筑波大学大学院修了
現在、筑波大学人間総合科学研究科教授
専攻　スポーツ倫理学
博士（体育科学）
共著　『スポーツの倫理』（不昧堂出版）
　　『スポーツの知と技』（大修館書店）
共訳　『スポーツモラル』（不昧堂出版）

梅垣明美（うめがき　あけみ）
一九六三年　香川県出身
奈良女子大学大学院修了
現在、大阪体育大学スポーツ教育学科准教授
専攻　スポーツ教育学・スポーツ倫理学・スポーツ史
共著　『スポーツ技術・ルールの変化と社会Ⅰ』（創文企画）
　　『戦後体育実践論・民主体育の探求』（創文企画）

スポーツ倫理《りんり》を問《と》う

NDC780 viii, 242P 19cm

© Tomozoe Hidenori & Kondo Yoshitaka, 2000

初版第一刷発行——二〇〇〇年九月二〇日
第七刷発行——二〇〇九年三月　一　日

著者——友添秀則《ともぞえひでのり》・近藤良享《こんどうよしたか》

発行者——鈴木一行
発行所——株式会社　大修館書店
〒一〇一-八四六六　東京都千代田区神田錦町三-二四
電話　03-3295-6231（販売部）　03-3294-2358（編集部）
振替　00190-7-40504
[出版情報]　http://www.taishukan.co.jp

装丁者——中村友和（ROVARIS）
印刷所——横山印刷
製本所——ブロケード

カバー写真——© LIAISON-amana images
ISBN978-4-469-26453-1　Printed in Japan
Ⓡ本書の全部または一部を無断で複写複製（コピー）することは、著作権法上での例外を除き禁じられています。

スポーツ・ヒーローと性犯罪

ジェフ・ベネディクト 著
山田ゆかり 訳

英雄たちはなぜ許されぬ犯罪に手を染めたのか？　華麗なプレーの陰に潜むスポーツ選手を取りまく暗部を、綿密な取材とインタビューによって鋭く抉るノンフィクション。

▼四六判・３３６頁　本体２２００円

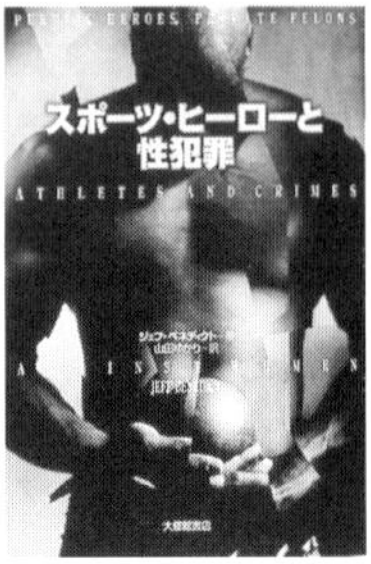

現代スポーツ批判

大野　晃 著

スポーツ報道の第一線に立つ著者が、五輪やプロ野球、高校野球の問題点などを明らかにし、スポーツの健全な発展を願って提言を行う。「ミズノ・スポーツライター賞」受賞作。

▼四六判・２３２頁　本体１６００円

スポーツ倫理の探求

近藤良亨 編著

遺伝子ドーピング、環境破壊、セクハラ、テレビ、国体神話、自国有利な判定など、スポーツをめぐって現在あらわれている様々な問題を取り上げ、倫理的視点から論じる。

▼四六判・２７２頁　本体１８００円

定価＝本体＋税５％（2009年２月現在）